W0461400

Amazon SEO Code

Das Handbuch
für mehr Erfolg auf Amazon

von Ronny Marx

zweite Auflage (November 2017)

ISBN 978-3-00-053292-4

Inhalt

Vorwort / Prolog

Erst einmal möchte ich mich vorab bei dir bedanken, denn schließlich hast du dich dazu entschieden, dir dieses E-Book zu kaufen und ich kann dir jetzt schon sagen, dass es die richtige Entscheidung war. Womöglich waren die wenigen Euros, welche du hierfür ausgegeben hast, eine der besten Investitionen, die du je getätigt hast. Ok, das klingt jetzt ziemlich großspurig – aber Fakt ist: du wirst auf den nächsten Seiten viele nützliche Tipps und Hintergrundwissen zu Amazon lernen, auch wenn du bereits erfolgreich auf dem Marketplace unterwegs bist. Und da sind wir schon bei der Frage: für wen ist dieses E-Book geeignet?

Du bist Händler und möchtest erfolgreicher bei Amazon verkaufen? Check, das E-Book ist die richtige Wahl gewesen. Du bist Online-Händler und überlegst, deine Waren auf Amazon anzubieten? Dann wird dir dieses Buch eine gute Stütze sein, um sich für oder gegen den Marketplace zu entscheiden. Du bist Dienstleister und möchtest gerne „Amazon SEO" als Service verkaufen? Perfekt, dann hast du hier den richtigen Leitfaden an der Hand, um deine künftigen Kunden glücklich zu machen.

Wie du vielleicht bereits an den ersten Zeilen gemerkt hast, ist dies hier kein trockenes Fachbuch, obwohl es natürlich auf einem fachlichen Fundament steht. Ich möchte dir Amazon SEO gern auf eine unterhaltsame Weise beibringen, denn die Suchmaschinenoptimierung kann richtig Spaß machen und ist leider viel zu oft als reine „Nerd-Disziplin" abgestempelt worden. Halt Stopp – SEO? Wenn du mit diesen drei Buchstaben noch nicht so viel anfangen kannst: es geht um „Search Engine Optimization", also zu Deutsch „Suchmaschinenoptimierung". Vielleicht fragst du dich jetzt, was Amazon mit einer Suchmaschine zu tun hat, denn hierbei denken die meisten eher an Google als an diesen „Onlineshop". Aber fass' dir dabei einmal gedanklich selbst an die Nase: du möchtest ein neues Produkt kaufen, kennst schon Marke und Modell – wo schaust du zuerst nach – bei Google oder Amazon?

Lumaland XXL Sitzsack für Indoor und Outdoor

Lumaland XXL Riesensitzsack in grau. Der Luxury Sitzsack für den Indoor & Outdoor-Bereich verspricht einen Riesenspaß für die ganze Familie. Das hochwertige Material aus 50% PVC und 50% Polyester ist geruchsneutral und unterstützt einen angenehmen Sitzkomfort des Sitzsacks. Die Luxury Sitzkissen sind gezielt für einen Einsatz im Outdoor Bereich entworfen und bestehen aus einem wetterfesten Material, das einen problemlosen Einsatz auf dem Balkon oder der Terrasse ermöglicht. Bei der Verarbeitung des Sitzsacks haben wir gezielt darauf geachtet, Ihnen ein Produkt zu fertigen, dass sowohl robust und stabil, zugleich aber auch ein ästhetischer Hingucker ist. Das Ergebnis sind unsere stylischen Lumaland Sitzsäcke. Nun finden Jung und Alt nach anstrengenden Gartenarbeiten oder Spielen im Grünen mit dem Lumaland Sitzsack endlich eine neue Möglichkeit der Entspannung.

Sitzsack 2.0 - Ideale Anpassung an die Sitzhaltung. Mit den erstklassigen Lumaland Sitzsäcken gehören Rückenschmerzen der Vergangenheit an. Unsere Sitzsäcke sind ergonomisch und ermöglichen eine gesunde Körperhaltung zu jeder Zeit. Die Sitzsack passt sich dank der hochwertigen und eigens von uns produzierten EPS Füllung perfekt der Körperform und -haltung an. Die kleinen Füll-Teilchen des Sitzsacks schmiegen sich optimal Ihren Körper an und sorgen dafür, dass Ihre Wirbelsäule entlastet wird. Auch nach längerem Sitzen auf dem Sitzsack fühlt sich der Rücken dadurch entspannt und frisch. Noch nie war Sitzen auf einem Beanbag so entspannt und gleichzeitig so gesund.

Hochwertige Verarbeitung und simple Reinigung. Der Riesensitzsack ist mit extra starken Nähten versehen, die ihn fast unverwüstlich machen. Um den Schmutz aus dem Garten leicht zu entfernen, besitzt jeder Bezug von Lumaland einen separaten Innensack. Dank der doppelten Klett- und Reißverschlüsse kann der Inhalt mit den EPS-Kügelchen leicht entnommen werden. Mit einem Handgriff lässt sich so das komfortable Outdoor Erlebnis reinigen und stellt somit für die ganze Familie auch für die kommenden Jahre einen zuverlässigen Partner dar.

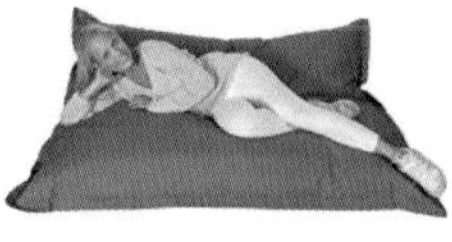

Gemütliche Lounge für den Outdoor Bereich

Doch nicht nur zum Chillen und Relaxen aller Altersklassen ist der XXL Sitzsack geeignet. Wer mit seinen Freunden unter dem Sternenhimmel feiern oder in geselliger Runde eine gemütliche Sommernacht verbringen möchte, kann nun spielend leicht seine eigene Lounge zusammenstellen. Dank der exklusiven Befüllung passt sich der Beanbag perfekt der Körperform sowie -haltung an. Bei der riesigen 380 Liter Füllmenge handelt es sich um Neuware weißer Styroporkügelchen aus eigener deutscher Herstellung. Sie sorgt für eine angenehme Stabilität und macht langes Verweilen noch gemütlicher. Die luftige Perlenfüllung reflektiert zudem die Körpertemperatur und sorgt immer für eine angenehme Wärme.

Indoor & Outdoor Sitzsäcke für jede Situation

Der XXL Sitzsack für den Indoor & Outdoor Bereich verspricht einen Riesenspaß für die ganze Familie. Sein hochwertiges Material aus 50% PVC sowie 50% Polyester ist geruchsneutral und unterstützt einen angenehmen Sitzkomfort. Dank des robusten Materials lässt sich der Sitzsack mühelos reinigen und ist ein idealer Begleiter für die Outdoor-Saison.

Bei der Herstellung unserer Sitzsäcke achten wir auf eine erstklassige Verarbeitung. Als Ergebnis erhalten Sie hochwertige und robuste Sitzsäcke, die auch den unvorhersehbaren Launen des Wetters problemlos standhalten. Dadurch finden Jung und Alt nach dem Alltagsgeschehen, Sport oder anstrengenden Gartenarbeiten endlich eine neue Möglichkeit der Entspannung.

Höchste Qualität - Ihr Wohlbefinden ist unser Maßstab

Unsere Ambition ist es, Ihnen mit unseren Qualitäts-Sitzsäcken ein Höchstmaß an Entspannung und Wohlbefinden zu bieten. Verwandeln Sie Ihre eigenen vier Wände in Ihre ganz persönliche Sitzsack Wohlfühloase.

Die Lumaland Sitzsäcke sind als Indoor & Outdoor XXL Variante mit 380 Liter Füllung oder mit einem weichen Baumwolle-Bezug in vielen bunten Farben erhältlich.

Genau – beim Marktplatz mit dem „lachenden A“ als Logo. Amazon hat Google mittlerweile bereits als Suchmaschine überholt – ja, wirklich! Vielleicht nicht auf ganzer Linie, aber in Sachen Produktsuchen schon, denn bereits heute beginnen drei bis vier Mal so viele Käufer ihre Produktsuche direkt bei Amazon. Und wo gesucht wird, gibt es einen Algorithmus. Und wo es einen Algorithmus gibt, kann man optimieren – so einfach ist das.

Ich gebe zu, dass ich das selbst viele Jahre unterschätzt habe, obwohl ich aus der E-Commerce-Branche komme und im SEO mein tägliches Handwerk sehe. Auf die Gemeinsamkeiten und Unterschieden beider Suchmaschinen kommen wir später noch im Buch.

Der Ranking-Algorithmus von Amazon ist, wie du dir sicherlich vorstellen kannst, sehr vielschichtig und wenn ich dir jetzt sagen würde, dass ich dir genau erklären kann, wie Amazon hier tickt, wäre das schlichtweg eine Lüge. Niemand außer einer Handvoll Entwickler von Amazon selbst wird dir das genau aufdröseln können – das ist bei Google nichts anderes. Was ich dir aber hier in diesem Buch erklären kann, sind wichtige Basics, die auf eigenen Erfahrungen beruhen und durch den Austausch mit Händlern und den ersten SEO-Pionieren im Amazon-Kosmos entstanden sind. Da allerdings davon auszugehen ist, dass Amazon ständig an seinem Algorithmus feilt, diesen ausbaut und verbessert, können einige Fakten hier im Buch manchmal „outdated“ sein. Aber keine Sorge: ich werde dein E-Book regelmäßig nachbessern, gegebenenfalls erweitern, damit du ständig auf dem Laufenden bist.

Am Ende des Buches sollst du nicht nur verstehen, wie der Suchalgorithmus von Amazon (sehr wahrscheinlich) funktioniert. Mein Ziel ist es, dir einen ganzheitlichen Blick auf das „Wesen“ einer Suchmaschine zu ermöglichen und dich auf frische und hoffentlich gewinnbringende Ideen für dein aktuelles sowie zukünftiges Business zu bringen. Viele der hier erklärten Methoden und Ideen kannst du auch außerhalb von Amazon anwenden, wenn du zum Beispiel einen eigenen Onlineshop hast. Faktisch gesehen ist Amazon nichts anderes als ein solcher Shop, nur eben mit einer enormen Reichweite, Kundenzahl und Produktpalette.

Alle praktischen Beispiele basieren natürlich immer auf einer Momentaufnahme während ich das Buch geschrieben habe. Es kann also sein, dass es in Sachen Bewertungen und Rankings auf Amazon Abweichungen zu den Praxisbeispielen gibt.

Nun lass uns aber loslegen und gemeinsam die Amazon-Welt verstehen lernen, damit du zukünftig für deine Kunden oder eigenen Produkte erfolgreich optimieren kannst. Noch ein Hinweis, bevor wir starten: Lies dir am besten immer jedes Kapitel einmal komplett durch. Am Ende findest du noch einmal eine kurze Zusammenfassung mit den wichtigsten Fakten.

Vom Buch-Shop zum „Everything Store“

Pflichtlektüre für alle Amazonianer

An dieser Stelle gleich vorweg ein Buch-Tipp für alle Leser: „The Everything Store“, die Geschichte von Jeff Bezos und Amazon, ist eigentlich eine Pflichtlektüre für jeden, der auf und mit dem Marktplatz sein Geld verdienen will. Warum? Ganz einfach: du musst Amazon verstehen lernen und dafür ist es sehr hilfreich, sich die Entstehungsgeschichte und Motivation des CEOs eines der erfolgreichsten Unternehmen der Welt durchzulesen. Ich selbst habe das Buch auch vor einigen Jahren gelesen und muss sagen, es ist spannender als ein Krimi und lehrreicher als manches „Wie werde ich erfolgreich“-Seminar. Wusstest du, dass es Amazon schon vor Google gab und dass Jeff Bezos sogar in das damals kleine Startup von Sergey Brin und Larry Page investiert hat? Kannst du dir vorstellen, dass eBay früher Amazon aufkaufen wollte? Wie ist Bezos überhaupt auf den Namen Amazon gekommen? Das und noch viel mehr erfährst du in diesem Buch, dass ich dir wärmstens ans Herz legen möchte.

Verstehe und antizipiere

Ich gebe unter anderem Seminare und Workshops rund um das Thema „Google SEO“ und hier fange ich auch immer erst mit der Erfolgsstory der Suchmaschine an. Nicht etwa, weil ich irgendwie meinen Tages-Workshop vollkriegen möchte, sondern weil man erfolgreicher optimieren kann, wenn man weiß, wo jemand herkommt und wo dieser jemand hin will. Viele SEO-Agenturen da draußen waren früher sehr erfolgreich und sind es jetzt nicht mehr. Warum ist das so? Auch hier wieder eine einfacher Antwort: sie haben sich nicht weiterentwickelt und/oder nicht über den Tellerrand hinausgeschaut. Antizipation ist das Wort der Stunde, denn wenn man ein technologiegetriebenes Unternehmen wie Google (und auch Amazon) verstehen lernt, kann man besser abschätzen, wo die Reise hingeht. Gemeint ist, wie sich der Suchalgorithmus in Zukunft wahrscheinlich entwickeln wird. Das ist deswegen wichtig, damit man

von künftigen Änderungen nicht kalt erwischt wird und damit vielleicht sogar sein Geschäftsmodell, den Traffic und den Umsatz gefährdet.
Hier tun sich auch bereits erste Parallelen zwischen Amazon und Google auf, die ich später im Buch noch näher erklären möchte. Nur so viel dazu an dieser Stelle: beide Suchmaschinen (Amazon wollen wir hier kurz einmal auf das reduzieren) haben ein gemeinsames Ziel: den Nutzer bzw. Kunden zufriedenzustellen . Dieser hat in der Regel eine Frage, ein Problem oder ein konkretes Kaufinteresse und möchte schnell zum Ziel kommen. Sowohl Amazon als auch Google haben es bis dato sehr gut hinbekommen, genau das zu liefern, d.h. ein sehr gutes Suchergebnis zu einer konkreten Suche. Aber beide Unternehmen sind noch lange nicht am Ziel angekommen, denn Menschen suchen sehr vielschichtig und unterschiedlich, meinen jedoch oftmals das Gleiche und nicht immer führt eine Suchanfrage wirklich zum gewünschten Ergebnis. Sowohl Google als auch Amazon haben also ein reges Interesse daran, den Nutzer besser abzuholen und schneller zum Ziel zu führen. Kundenzufriedenheit steht also bei beiden an oberster Stelle. Genau dieses Wort „Kundenzufriedenheit" wirst du in diesem Buch noch oft lesen, weil es gerade in Bezug auf Amazon so enorm wichtig ist und auch über Erfolg oder Misserfolg entscheidet.
Mein Tipp: spiele fair, ehrlich und vor allem nach den Richtlinien von Amazon. Schlupflöcher nützen dir nur kurz etwas und sichern keinen langfristigen Erfolg. Ist der Kunde happy, ist es Amazon auch – da sollte immer dein erklärtes Ziel sein – bei allem, was du auf dem Marketplace unternimmst.

Warum ist Amazon so erfolgreich?

Wie bereits erwähnt, ist Amazon als kleiner Buch-Onlineshop gestartet und hat sich in wenigen Jahren zu einem globalen Marktplatz entwickelt, den es so kein zweites Mal gibt. Jeff Bezos hatte dabei von Anfang an das Ziel, einen Onlineshop zu bauen, auf dem man einfach alles (Physisches) kaufen kann, was es im Einzelhandel auch gibt. Und hier kommt schon Erfolgsfaktor Nummer 1:

Die Produktpalette

Es gibt (fast) nichts, was man auf Amazon nicht kaufen kann: von einer edlen Rotweinflasche für über 40 Euro, der aktuellen Mode-Kollektion, dem neuen XXL-Sofa, Hundefutter, einem Radiergummi für 60 Cent oder dem „heißesten Scheiß“ im Elektronik-Bereich: Amazon bietet einfach ALLES an. Interessanterweise wird Amazon in der Fachpresse oftmals als „der“ Onlineshop bezeichnet. Faktisch entsteht diese bereite Produktpalette jedoch erst deswegen, weil Amazon eben auch ein Marktplatz ist, auf dem alleine in Deutschland über 120.000 Händler aktiv sind. Richtig gelesen, es ist eine sechsstellige Zahl an potentiellen Konkurrenten, die sich auf Amazon tummelt. Aber bevor du jetzt das Buch schockiert und verzweifelt wieder zuklappst (bzw. deinen Kindle ausschaltest), sei dir gesagt, dass du dennoch große Chance auf Erfolg hast. Wie so oft zählt nämlich nicht die Quantität, sondern die Qualität und genau hier hat Amazon noch mächtig viel Luft nach oben und genau das ist deine Chance – aber dazu später mehr.

Ein Account für alles

Aufbauend auf der breiten Angebotspalette hat der Kunde auf Amazon eben den Vorteil, dass er mit nur einem Nutzer-Account einfach alles kaufen kann. Kein lästiges Registrieren auf anderen Onlineshops mehr, wo man sowieso nur das Passwort vergisst oder dann doch die gewünschte Zahlungsart nicht angeboten wird. Bei Amazon habe ich als Kunde einen Account, logge mich einmal ein und kann aus über 150 Millionen Angeboten wählen, die ich mir sonst mühsam in vielen anderen Onlineshops zusammensuchen muss. Auf amazon.com stehen den Käufern sogar mehr als 300 Millionen aktive Produkte zum Kauf zur Verfügung. Wahnsinn, oder? Und das mit nur einem einzigen Account. Warum also sollte ich noch woanders einkaufen?

Versand- und Kundenservice

Hier kommen wir zu zwei weiteren, sehr wichtigen Hebeln im E-Commerce, denn im Einzelhandel habe ich meine Artikel sofort und muss nicht auf die Post warten. Wenn ich dann ein Problem habe, kann ich direkt wieder in den Laden stiefeln und mir den Verkäufer aus Fleisch und Blut zur Brust nehmen. Und online? Ja, online ist alles anders, aber auch hier hat sich Amazon clever positioniert. Mit „Prime“ und nun sogar schon dem „Same-Day-Delivery“ bekommt man seine Artikel nicht nur schneller als bei vielen anderen Onlineshops, sondern noch einen kulanten und professionellen Kundenservice oben drauf. Das klingt jetzt wie ein Loblied auf den Marktplatz und nein, ich wurde von Amazon nicht dafür gesponsert. Aber hast du schon einmal als normaler Kunde bei Amazon etwas gekauft und dann wieder retourniert? Falls nicht, kann ich dir sagen, dass das in Perfektion abläuft und das Geld ruckzuck wieder auf dem Konto ist. Amazon hat seine Kunden sehr gut darauf konditioniert, worauf es im E-Commerce ankommt: hier bekommst du deine Waren schneller und wenn mal etwas nicht passt, dann machen wir dich auch glücklich. Achtung, Wiederholung: Kundenzufriedenheit.

Cross- und Upselling

Du möchtest ein Poloshirt bestellen? Wie wäre es anstatt dessen mit diesem tollen T-Shirt der gleichen Marke? Du willst dir eine neue Digitalkamera kaufen? Super, dann könnte dich diese tolle Fototasche auch interessieren. Du suchst nach neuen Herrenschuhen? Na dann kauf‘ doch gleich noch ein paar Socken in der gleichen Größe dazu. Kommt dir das bekannt vor? Was in Worte gefasst ein bisschen nach Basar klingt, ist eine clevere Taktik, dem Kunden noch mehr zu verkaufen, als er eigentlich wollte. Das Cross-Selling (das Anbieten ähnlicher oder alternativer Produkte) und das Upselling (das Anbieten dazu passender und ergänzender Artikel) hat Amazon praktisch erfunden. Anfänglich wurde dies noch händisch von echten Menschen gemacht, d.h. ein Team suchte jeden Tag passende Artikel heraus und verknüpfte sie manuell. Danach folgte ein technischer Algorithmus, der Produkte vollkommen automatisiert miteinander assoziierte. Bei der Einführung dieser technischen Finesse kam es jedoch erst noch zu gravierenden Fehlern, sodass dann schon einmal neben einem niedlichen Kinderrucksack ein Jagdmesser empfohlen wurde, da beide Produkte „Adventurer" hießen. Heute allerdings funktioniert das Cross- und Upselling bei Amazon in Perfektion und sorgt bei Besuchern der Website für eine längere Verweildauer, einen größeren Absatz und damit natürlich für mehr Geld in Amazons Portmonee.

Amazon als Bestandteil deines Lebens

Das klingt vielleicht im ersten Moment völlig übertrieben, aber Fakt ist: Amazon ist für viele Menschen ein fester Bestandteil geworden – zumindest wenn es um einen kurzen Preis- oder Bewertungs-Check geht. Du willst etwas kaufen? OK, dann erst einmal kurz auf Amazon nach den Bewertungen schauen oder eine Preistendenz prüfen.

Aber nicht nur durch den „Grundbaustein" Marketplace ist Amazon so erfolgreich und mittlerweile tief ins Shopping-Verhalten von Millionen Nutzern verankert. Es gibt mittlerweile eine ganze Reihe neuer und innovativer Produkte, welche die Kundenbindung an Amazon langfristig steigern werden (und es aktuell schon tun).

Da wären Amazon Fresh, Amazon Prime Now, Amazon Echo (Alexa), Amazon Dash-Buttons, Amazon Spark, Amazon Instant Pickup, ein echter Bücherladen von Amazon, eigene Frachtflugzeuge, Amazon Drohnen, Amazon „Packstation" und natürlich die vielen Eigenmarken im Bereich Haushalt, Elektronik, Nahrungsergänzungsmittel, (vielleicht bald) Medikamente und sogar ein eigenes Mode-Label. Schaut man sich die Liste so an und bedenkt, dass die meisten Produkte binnen der letzten 1 bis 2 Jahre gelaunched wurden, kann einem wirklich schwindelig werden.

Und für Amazon gilt immer noch „It's still day one." – ein Mantra, das die Mitarbeiter dort tatsächlich leben. Dieser Eindruck bestätigte sich noch einmal, als ich das deutsche Office in München besucht habe und mit einigen Amazon-Mitarbeitern sprechen konnte. Durch die Zentrierung des „echten" Nutzers und seiner Bedürfnisse schafft Amazon ein Ökosystem, wie kaum ein zweiter Player am Markt.

Schaut man allein auf die rasante Entwicklung vom Amazon Echo, dem eigenen Smart-Speaker und künstlichen Intelligenz des Konzerns, so bestätigt sich hier noch einmal die Überschrift dieses Abschnitts. Allein bei mir Zuhause stehen mittlerweile zwei Echos und ein Echo-Dot, mit denen ich die Steckdosen, Lampen, Musik (Spotify-Account) und Fernseher steuere. In absehbarer Zukunft wird Voice-Search und Voice-Control für Smarthome nicht mehr wegzudenken sein – das ist das „Next Big Thing".

Was ich damit sagen will: Amazon ist viel mehr als ein Onlineshop. Amazon dringt in immer mehr Online- und Offline-Bereiche unseres Lebens vor und das beeinflusst unser Einkaufsverhalten. Ich brauche nur ein einziges Produkt dieser riesigen Marketing-Maschinerie zu nutzen und schon ist die Wahrscheinlichkeit sehr hoch, dass ich auf anderen Ebenen ebenfalls Amazon „konsumiere".

Wenn du also überlegst, ob du Amazon als Vertriebskanal nutzen oder ausbauen solltest, musst du dir dabei immer die Frage stellen: was ist in 2, 5 oder 10 Jahren? Das Internet geht nicht mehr weg und aller Voraussicht nach Amazon ebenso wenig, denn anders als Facebook stehen Konzerne wie Amazon und Google auf verschiedenen Beinen. Es ist nur eine subjektive Prophezeiung und rein persönliche Einschätzung, aber ich bin fest davon überzeugt, dass Amazon in wenigen Jahren eine echte Vormachtstellung im E-Commerce haben wird. Wer hier nicht mit der Zeit geht, der geht mit der Zeit.

Mein wirklich ernstgemeinter Tipp und Rat an dich, lieber Leser: versuch' dir vorzustellen, wie der Kunde von morgen (auf Amazon) einkauft. Einer der wichtigsten Faktoren wird zukünftig die Sprachsuche sein, denn wir benutzen unsere Sprache ganz anders, als wir schreiben. Denke also bei der Optimierung deines Contents nicht immer nur an Keywords und Suchvolumen, sondern auch über den Sprachgebrauch deines Kunden nach.

Kurz und knapp zusammengefasst

Wir halten noch einmal kurz fest. Amazon ist deswegen so erfolgreich, weil…

1. …den Kunden eine riesige Produktpalette angeboten wird und ein „ich bekomme da einfach alles"-Gefühl vermittelt.
2. …ich als Kunde mit nur einem Account und fest hinterlegten Zahlungsarten eine einfache Möglichkeit zum Shoppen habe.
3. …durch ein perfektes Cross- und Upselling mehr Produkte verkauft werden können.
4. …Amazon ist und wird immer mehr ein Bestandteil unseres Lebens. Online wie offline komme ich mit Produkten aus der Amazon-Welt in Berührung – das steigert die Kundenbindung.

Wie suchen Käufer / Kunden?

So, also hier können wir rein theoretisch ein eigenes Buch dazu schreiben und wenn man auf Amazon mal eine etwas tiefere Buchrecherche durchführt, findet man auch tolle Werke dazu. Es ist wichtig zu verstehen, wie und warum ein Käufer sucht, denn das ist die Grundlage für jede Optimierung. Daher möchte ich dir an dieser Stelle einen kleinen Exkurs in Sachen Suchintention geben, damit du künftig zielgerichteter optimieren kannst.

Die drei Suchintentionen

Im Wesentlichen unterscheidet man Suchende anhand dessen, wonach sie suchen. Hier lässt sich in drei Bereiche gruppieren: etwas wissen wollen (die „Know“ Intention), etwas machen wollen (die „Do“ Intention) und ein konkretes Ziel vor der Nase (die „Go“ Intention). Das klingt erst einmal sehr theoretisch und weil ich immer ein Freund von praktischen Beispielen bin, hier gleich für jede Intention eins:

1) KNOW Intention: Ich möchte mir eine neue Kaffeemaschine kaufen und will vorab erst einmal sehen, wie sich die verschiedenen Modelle in einem Test geschlagen haben. Ich suche also z.B. nach „Kaffeevollautomat Testbericht“. Würde ich so etwas bei Amazon suchen? Eher nicht – hier starte ich wohl meine Recherche direkt bei Google.

2) DO Intention: Ich weiß nun ungefähr, was ich möchte und suche nach einem konkreten Produkt „Kaffeevollautomat mit Milchsystem“. Aber warum ist das eine DO Intention? Ganz einfach: sobald ich ein konkretes Produkt suche, dann habe ich sehr wahrscheinlich eine echte Kaufabsicht, sprich ich will etwas haben und kaufen. Und genau hier wird es für Amazon interessant, denn eine solche Suchanfrage kann Amazon viel besser bedienen als Google.

3) GO Intention: Ich habe mir die Kaffeemaschine bestellt und habe nun vielleicht ein Problem mit einer bestimmten Funktion. An dieser Stelle brauche ich Unterstützung vom Kundenservice und suche „Jura Support-Hotline". Hier lande ich doch zu 99% auch bei Google anstatt bei Amazon oder?

Wir können also schon einmal festhalten, dass beide Suchmaschinen unterschiedlich genutzt werden, aber bei einer konkreten Produktsuche Amazon wohl die Nase vorn haben wird. Warum ist das wichtig? Als Online-Händler muss ich mir natürlich die Frage stellen, wie ich meine Artikel an den Mann oder die Frau kriege. Mit einem eigenen Onlineshop geht das zwar gut, aber ich brauche erst einmal Traffic. Wie bekomme ich den Traffic dort hin? Sehr wahrscheinlich über Google – d.h. über die organische oder bezahlte Suche. Letztere ist allerdings z.T. sehr teuer, die organischen Suchergebnisse sind stark umkämpft und eine Optimierung bedarf oft sehr viel Zeit und Geduld. Bei Amazon ist das anders, denn hier steht allein der Verkaufserfolg im Vordergrund. Er entscheidet darüber, wie sichtbar ein Produkt ist, aber darauf gehen wir später näher ein. Zuerst möchte ich eine These mit einem Praxisbeispiel untermauern:

Warum Amazon die bessere Produktsuchmaschine ist.

Das klingt erst einmal provokant, wenn wir allerdings genauer hinschauen, kann man das ganz gut begründen. Daher eine kleine Frage vorweg: Kennst du Michael Kors? Die meisten Frauen, die dieses Buch hier lesen, werden jetzt vielleicht ein leichtes Lächeln auf dem Gesicht haben. Wenn Männer an dieser Stelle lächeln, dann wohl eher ein bisschen aus Verzweiflung. Ich kläre kurz auf: Michael Kors ist ein Mode Designer aus den USA, der recht hochwertige Taschen, Uhren und Schmuck gestaltet. Wenn du gerade die Möglichkeit hast, dann mach' doch einfach mal bitte den kleinen Selbsttest und suche jetzt einmal bei Google und einmal bei Amazon nach „Michael Kors". Na, fällt dir was auf? Der Unterschied beider Sucherergebnisse könnte kaum größer sein. Hier einmal ein Screenshot beider Ergebnislisten:

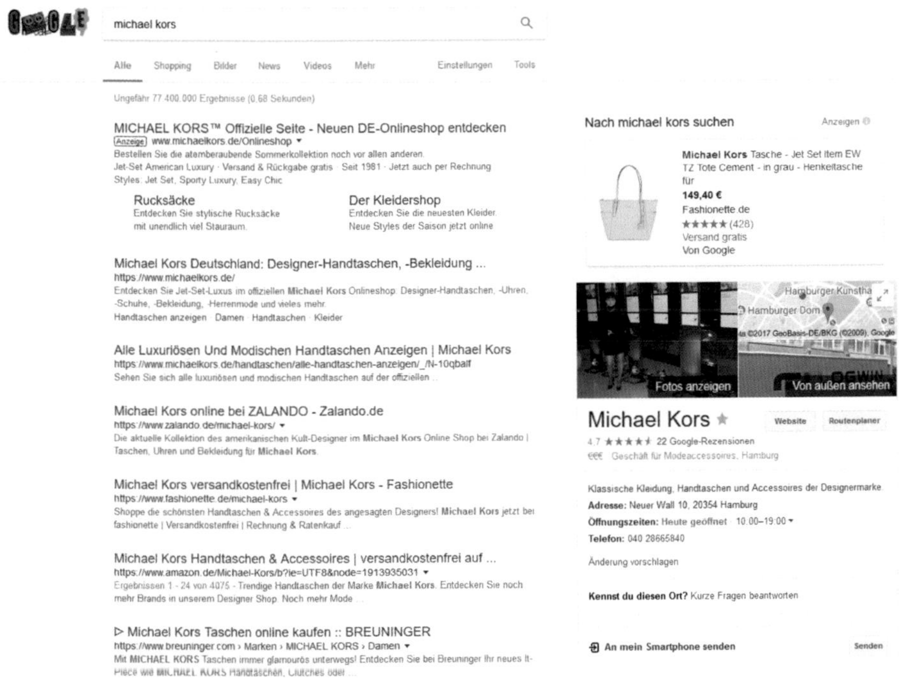
michael kors
Alle
Shopping
Bilder
News
Videos
Mehr
Einstellungen
Tools
Ungefähr 77.400.000 Ergebnisse (0,68 Sekunden)
MICHAEL KORS™ Offizielle Seite - Neuen DE-Onlineshop entdecken
Anzeige www.michaelkors.de/Onlineshop
Bestellen Sie die atemberaubende Sommerkollektion noch vor allen anderen.
Jet-Set American Luxury · Versand & Rückgabe gratis · Seit 1981 · Jetzt auch per Rechnung
Styles: Jet Set, Sporty Luxury, Easy Chic
Rucksäcke
Entdecken Sie stylische Rucksäcke mit unendlich viel Stauraum.
Der Kleidershop
Entdecken Sie die neuesten Kleider. Neue Styles der Saison jetzt online
Michael Kors Deutschland: Designer-Handtaschen, -Bekleidung ...
https://www.michaelkors.de/
Entdecken Sie Jet-Set-Luxus im offiziellen Michael Kors Onlineshop: Designer-Handtaschen, -Uhren, -Schuhe, -Bekleidung, -Herrenmode und vieles mehr.
Handtaschen anzeigen · Damen · Handtaschen · Kleider
Alle Luxuriösen Und Modischen Handtaschen Anzeigen | Michael Kors
https://www.michaelkors.de/handtaschen/alle-handtaschen-anzeigen/_/N-10qbalf
Sehen Sie sich alle luxuriösen und modischen Handtaschen auf der offiziellen ...
Michael Kors online bei ZALANDO - Zalando.de
https://www.zalando.de/michael-kors/
Die aktuelle Kollektion des amerikanischen Kult-Designer im Michael Kors Online Shop bei Zalando | Taschen, Uhren und Bekleidung für Michael Kors.
Michael Kors versandkostenfrei | Michael Kors - Fashionette
https://www.fashionette.de/michael-kors
Shoppe die schönsten Handtaschen & Accessoires des angesagten Designers! Michael Kors jetzt bei fashionette | Versandkostenfrei | Rechnung & Ratenkauf ...
Michael Kors Handtaschen & Accessoires | versandkostenfrei auf ...
https://www.amazon.de/Michael-Kors/b?ie=UTF8&node=1913935031
Ergebnissen 1 - 24 von 4075 - Trendige Handtaschen der Marke Michael Kors. Entdecken Sie noch mehr Brands in unserem Designer Shop. Noch mehr Mode ...
▷ Michael Kors Taschen online kaufen :: BREUNINGER
https://www.breuninger.com › Marken › MICHAEL KORS › Damen
Mit MICHAEL KORS Taschen immer glamourös unterwegs! Entdecken Sie bei Breuninger Ihr neues It-Piece wie MICHAEL KORS Handtaschen, Clutches oder ...
Nach michael kors suchen
Anzeigen
Michael Kors Tasche - Jet Set Item EW TZ Tote Cement - in grau - Henkeltasche für
149,40 €
Fashionette.de
★★★★★ (428)
Versand gratis
Von Google
Hamburger Kunsthalle
Hamburger Dom
Fotos anzeigen
Von außen ansehen
Michael Kors
Website
Routenplaner
4,7 ★★★★★ 22 Google-Rezensionen
€€€ · Geschäft für Modeaccessoires, Hamburg
Klassische Kleidung, Handtaschen und Accessoires der Designermarke
Adresse: Neuer Wall 10, 20354 Hamburg
Öffnungszeiten: Heute geöffnet · 10:00–19:00
Telefon: 040 28665840
Änderung vorschlagen
Kennst du diesen Ort? Kurze Fragen beantworten
An mein Smartphone senden
Senden

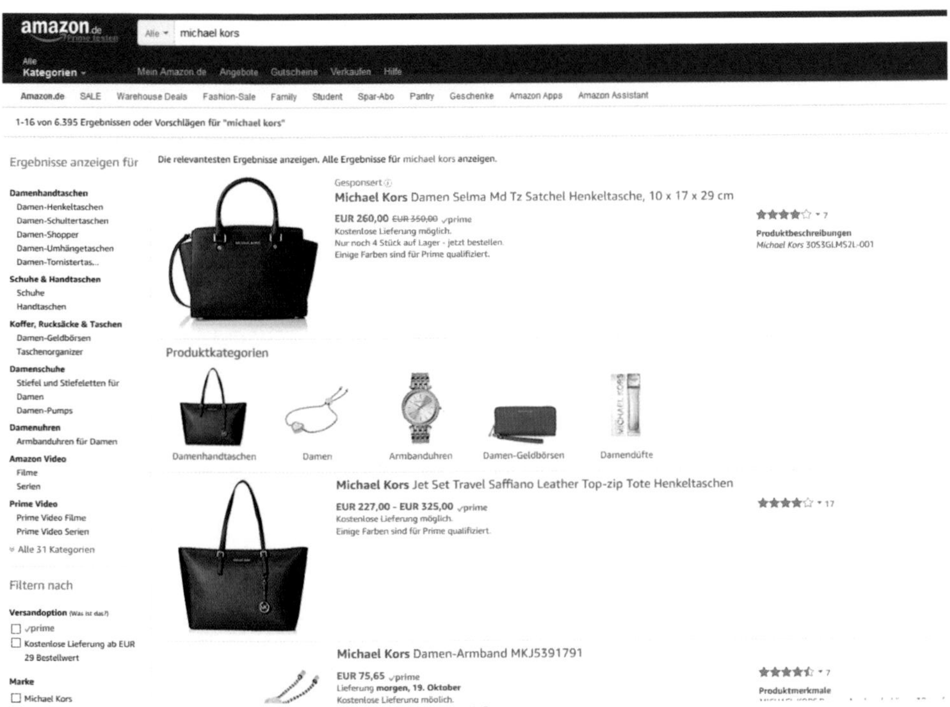
amazon.de
Alle
michael kors
Alle Kategorien
Mein Amazon.de
Angebote
Gutscheine
Verkaufen
Hilfe
Amazon.de
SALE
Warehouse Deals
Fashion-Sale
Family
Student
Spar-Abo
Pantry
Geschenke
Amazon Apps
Amazon Assistant
1-16 von 6.395 Ergebnissen oder Vorschlägen für "michael kors"
Ergebnisse anzeigen für
Damenhandtaschen
Damen-Henkeltaschen
Damen-Schultertaschen
Damen-Shopper
Damen-Umhängetaschen
Damen-Tornistertas...
Schuhe & Handtaschen
Schuhe
Handtaschen
Koffer, Rucksäcke & Taschen
Damen-Geldbörsen
Taschenorganizer
Damenschuhe
Stiefel und Stiefeletten für Damen
Damen-Pumps
Damenuhren
Armbanduhren für Damen
Amazon Video
Filme
Serien
Prime Video
Prime Video Filme
Prime Video Serien
Alle 31 Kategorien
Filtern nach
Versandoption
prime
Kostenlose Lieferung ab EUR 29 Bestellwert
Marke
Michael Kors
Die relevantesten Ergebnisse anzeigen. Alle Ergebnisse für michael kors anzeigen.
Gesponsert
Michael Kors Damen Selma Md Tz Satchel Henkeltasche, 10 x 17 x 29 cm
EUR 260,00 EUR 350,00 prime
Kostenlose Lieferung möglich.
Nur noch 4 Stück auf Lager - jetzt bestellen.
Einige Farben sind für Prime qualifiziert.
Produktbeschreibungen
Michael Kors 30S3GLMS2L-001
Produktkategorien
Damenhandtaschen
Damen
Armbanduhren
Damen-Geldbörsen
Damendüfte
Michael Kors Jet Set Travel Saffiano Leather Top-zip Tote Henkeltaschen
EUR 227,00 - EUR 325,00 prime
Kostenlose Lieferung möglich.
Einige Farben sind für Prime qualifiziert.
Michael Kors Damen-Armband MKJ5391791
EUR 75,65 prime
Lieferung morgen, 19. Oktober
Kostenlose Lieferung möglich.
Produktmerkmale

Ich muss zugeben, die Suchanfrage ist Google gegenüber auch etwas unfair, denn die Suchmaschine weiß hier einfach nicht wirklich, was genau gefragt ist: der Designer? Das nächste Ladengeschäft? Die Marke? Die Produkte? Daher wird hier einfach alles in einem bunten Potpourri angezeigt. Und Amazon? Tja, wonach sucht man (oder wohl eher Frau) wohl bei Amazon, wenn man „Michael Kors" eingibt? Richtig: nach Produkten. Daher hat es der Marketplace hier sehr viel einfacher und führt auch viel schneller zum Ziel.
Aber wie sieht es mit Suchanfragen aus, die auch für Google einfacher als mögliches Kaufinteresse zu interpretieren sind? Machen wir das Spielchen jetzt einmal mit der Suche „Kaffeevollautomat" bei beiden Plattformen. Bei Google sehen wir 8 Produkte aus den Google Shopping Suchergebnissen. Bei Amazon dagegen sind es fast 30 Produkte auf der ersten Ergebnisseite und fast zu jedem Artikel sehen wir gleich noch die beliebten (und auch gehassten) Bewertungssternchen. Zudem sieht die Ergebnisliste einfach aufgeräumter aus, die Bilder sind größer und die einzelnen Artikel besser miteinander vergleichbar. Wo würdest du nun weiter recherchieren? Ich denke, es ist klar, worauf ich hinaus will und meine These ist damit bewiesen. Amazon ist die bessere Produktsuchmaschine und genau aus diesem Grund starten eben immer mehr Käufer ihre Produktsuche nicht bei Google, sondern bei Amazon.
Das bedeutet im Umkehrschluss für Online-Händler, dass man selbst mit Top-Platzierungen in den Google-Suchergebnissen (bezahlt oder organisch) immer weniger Kunden erreichen wird. Ausnahmen gibt es hier natürlich in bestimmten Nischen oder Spezialbereichen. Massenartikel oder einfache Gebrauchsgüter dagegen werden wohl immer öfter direkt über Amazon gesucht und gekauft. Daher ist dieser Vertriebskanal mindestens parallel zum eigenen Webshop unbedingt eine Überlegung wert, denn wie so oft gilt auch hier der Grundsatz: wer den Zug verpasst, der hat das Nachsehen. Jetzt wäre es allerdings töricht pauschal zu behaupten, dass du unbedingt auf den Amazon-Zug aufspringen musst, da der Marktplatz nicht für jeden Händler die richtige Wahl ist. Dennoch muss man sich die Frage stellen, ob und wie man sich auf Dauer gegen einen solch prominenten Riesen behaupten kann.

Ich muss zugeben, die Suchanfrage ist Google gegenüber auch etwas unfair, denn die Suchmaschine weiß hier einfach nicht wirklich, was genau gefragt ist: der Designer? Das nächste Ladengeschäft? Die Marke? Die Produkte? Daher wird hier einfach alles in einem bunten Potpourri angezeigt. Und Amazon? Tja, wonach sucht man (oder wohl eher Frau) wohl bei Amazon, wenn man „Michael Kors“ eingibt? Richtig: nach Produkten. Daher hat es der Marketplace hier sehr viel einfacher und führt auch viel schneller zum Ziel.
Aber wie sieht es mit Suchanfragen aus, die auch für Google einfacher als mögliches Kaufinteresse zu interpretieren sind? Machen wir das Spielchen jetzt einmal mit der Suche „Kaffeevollautomat“ bei beiden Plattformen. Bei Google sehen wir 8 Produkte aus den Google Shopping Suchergebnissen. Bei Amazon dagegen sind es fast 30 Produkte auf der ersten Ergebnisseite und fast zu jedem Artikel sehen wir gleich noch die beliebten (und auch gehassten) Bewertungssternchen. Zudem sieht die Ergebnisliste einfach aufgeräumter aus, die Bilder sind größer und die einzelnen Artikel besser miteinander vergleichbar. Wo würdest du nun weiter recherchieren? Ich denke, es ist klar, worauf ich hinaus will und meine These ist damit bewiesen. Amazon ist die bessere Produktsuchmaschine und genau aus diesem Grund starten eben immer mehr Käufer ihre Produktsuche nicht bei Google, sondern bei Amazon.
Das bedeutet im Umkehrschluss für Online-Händler, dass man selbst mit Top-Platzierungen in den Google-Suchergebnissen (bezahlt oder organisch) immer weniger Kunden erreichen wird. Ausnahmen gibt es hier natürlich in bestimmten Nischen oder Spezialbereichen. Massenartikel oder einfache Gebrauchsgüter dagegen werden wohl immer öfter direkt über Amazon gesucht und gekauft. Daher ist dieser Vertriebskanal mindestens parallel zum eigenen Webshop unbedingt eine Überlegung wert, denn wie so oft gilt auch hier der Grundsatz: wer den Zug verpasst, der hat das Nachsehen. Jetzt wäre es allerdings töricht pauschal zu behaupten, dass du unbedingt auf den Amazon-Zug aufspringen musst, da der Marktplatz nicht für jeden Händler die richtige Wahl ist. Dennoch muss man sich die Frage stellen, ob und wie man sich auf Dauer gegen einen solch prominenten Riesen behaupten kann.

Hausgemachte Konkurrenz durch Amazon

Ich kenne Amazon aus drei Perspektiven: als normaler Kunde, als Konkurrent und als Vertriebskanal. Die erste Perspektive muss ich dir hier bestimmt nicht mehr erklären. Aber die anderen beiden? Als Online-Händler bin ich sowohl mit einem Webshop als auch auf dem Marktplatz unterwegs und Amazon ist dabei einerseits ein toller Vertriebskanal, aber andererseits auch ein Konkurrent, denn meine Waren kann der Kunde dort oder eben bei mir direkt bestellen. Sowohl Amazon als auch mein eigener Webshop sind natürlich auch bei Google indexiert und hier entsteht eben auch die indirekte Konkurrenz, denn wenn ein potentieller Kunde seine Suche bei Google startet, dann ist auf den ersten Plätzen wer sehr oft präsent? Richtig: Amazon. Selbst wenn man mit seinem eigenen Produkt bzw. seinem eigenen Shop noch vor Amazon gelistet wird, entstehen die Conversions tatsächlich meistens eher bei Amazon. Mit einem bestimmten Produkt war ich lange Zeit bei Google noch vor Amazon vertreten und jetzt darfst du dreimal raten, wo die Sales am Ende hauptsächlich entstanden sind. Der Witz daran ist, dass mein Produkt bei Amazon fast doppelt so teuer war und dennoch dort gekauft wurde. Dessen muss man sich als Händler bewusst sein: wenn Amazon als Vertriebskanal in Erwägung gezogen wird, baut man sich nicht selten auch eine Art hausgemachte Konkurrenz auf. Dafür bekommt man auf der anderen Seite eine „Conversion-Maschine", die man so mit einem eigenen Shop wahrscheinlich nie hinbekommen würde.

Von 3 auf 10 auf 70% Conversion

Wie und warum konvertiert ein Nutzer zum Käufer? Das richtige Angebot? Der passende Preis? Ein bisschen von allem ist der Schlüssel zum Erfolg und es kommt noch ein wesentlicher Faktor dazu: eine starke Marke, denn diese sorgt für das nötige Kundenvertrauen und damit am Ende auch für die Conversions. Gerade im Onlinehandel gilt der Grundsatz: „Mache aus einem Einmal-Besteller einen Wiederholungstäter und damit zum Stammkunden." Und genau davon hat Amazon eine ganze Menge. Wenn ein Nutzer erst einmal bei Amazon gelandet ist, dann liegt die Kaufwahrscheinlichkeit bei durchschnittlich 10 Prozent. Für den einen oder anderen Nicht-Händler könnte das relativ wenig aussehen, aber die Online-Händler wissen: das ist eine ganze Menge. Selbst wenn bei meinem eigenen Webshop alles stimmt: schneller Server, verschlüsselte Datenverbindung, wird auf allen Endgeräten gut angezeigt, eine breite Produktpalette, Trusted Shops zertifiziert und so weiter – durchschnittlich liegt die Kaufwahrscheinlichkeit bei circa 3 Prozent und das gilt für kleine Nischenshops wie große Player gleichermaßen. Das bedeutet, dass die Kaufwahrscheinlichkeit bei Amazon grundsätzlich drei Mal höher ist.

Und jetzt kommt noch ein weiterer wichtiger Hebel dazu: Prime. Ein Prime-Kunde gibt statistisch nicht nur drei Mal mehr Geld aus, sondern konvertiert auch noch mit einer Wahrscheinlichkeit von 70 Prozent. Wem das jetzt an dieser Stelle zu theoretisch war, hier einmal anders dargestellt. Wenn du 100 Besucher in deinem Webshop hast, dann kaufen genau 3 tatsächlich bei dir ein. Das machen sie aber auch nur dann, wenn wirklich ALLES bei dir stimmt. Bietest du deine Produkte auf Amazon an und hast du dort 100 Besucher auf deinen Produktseiten, kaufen bereits 10 von ihnen bei dir ein. Und wenn du nun sogar auch noch den Premiumversand Prime anbietest, dann können aus 100 Besuchern sogar 70 zahlende Kunden werden. Zugegeben, das sind absolute Spitzenwerte und nicht jeder Händler wird mit jedem Produkt genau das erreichen. Aber es soll dir hier an dieser Stelle nur noch einmal verdeutlichen, was Amazon für ein Hebel für deine Sales sein kann.

Der Marketplace-Index

Kommen wir als letzten kleinen Theorie-Exkurs noch zu einem interessanten Experiment, das ich vor einiger Zeit im Rahmen von ShopDoc.de begonnen habe. Das ganze habe ich „Marketplace Index“ getauft und es soll beweisen, dass Amazon in Zukunft noch viel stärker wachsen wird. Wie du bereits gelernt hast, starten potentielle Käufer ihre Produktsuche immer häufiger direkt auf Amazon. Dennoch gibt es jeden Tag Millionen von transaktionalen

Suchanfragen (also solche, die mit einer DO Intention unterwegs sind), welche direkt bei Google landen. Eine solche Suchanfrage kann zum Beispiel lauten „Staubsaugerroboter". Hier hat der Kunde bereits ein klares Produkt im Kopf und genau dieser Suchbegriff wird immerhin fast 2.000 Mal bei Google pro Monat gesucht. Zum Zeitpunkt, als ich dieses Buch hier geschrieben habe, war Amazon mit genau diesem Suchbegriff auf Platz 3 bei Google und genau das wirst du sehr häufig erleben. Meine These: auf kurz oder lang wird Amazon auch die Google Suchergebnisse dominieren und damit noch mehr Traffic in den eigenen Marktplatz leiten, was wiederum zu noch mehr Umsatz führen wird.

Schon heute ist Amazon bei circa 70 Prozent der kurzen, transaktionalen Google-Suchanfragen auf den ersten drei Suchergebnissen vertreten. Durch das Bekanntwerden von „Amazon SEO" und dem damit verbundenen Optimierungsmaßnahmen wird Google künftig Amazon Produktseiten noch besser indexieren – dessen bin ich mir sehr sicher. Google belohnt guten, hochwertigen Content mit attraktiven Rankings und es werden künftig immer mehr Produktseiten auf Amazon deutlich verbessert werden – ergo verbessern sich auch Amazons Rankings bei Google. Klingt logisch, oder?

Um das zu beweisen, habe ich einmal eine Überlegung angestellt: was wäre, wenn man Amazon mit den 100 stärksten Onlineshops im deutschen E-Commerce-Markt vergleicht? Dazu habe ich 10 Produktkategorien gebildet und jeder Kategorie händisch einige hundert Suchbegriffe zugeordnet. Dabei bin ich bewusst manuell vorgegangen, um einen ordentlichen Querschnitt an bestimmten Marken, beliebten Produkten und allgemeinen Suchbegriffen zusammenzutragen. Als nächstes folgte eine Bewertungsskala, welche die Ranking-Positionen bei Google von Platz 1 bis 10 mit einem Punkte-System bewertet. Natürlich gibt es hier keine lineare Verteilung, da Platz 1 auf Google beispielsweise doppelt so viel Traffic erhält wie Platz 2. Auf Platz 7 bis 10 dagegen gibt es kaum noch große Unterschiede, daher erhalten diese Ranking-Positionen nur geringere Abstufungen an Punkten.

Bedenke: Amazon tritt hier gegen 100 Onlineshops zusammen an. Wenn also der Marktplatz bei einem bestimmten Suchbegriff nur einmal auf der ersten Google-Suchseite vertreten ist und 3 der 100 Shops ebenfalls zwischen Platz 1 und 10 zu finden sind, so bekommen sie zusammen die Punkte. Gleiches gilt natürlich, wenn Amazon mit mehreren Produktseiten zu einer Suche auf der ersten Google-Ergebnisseite positioniert ist. Das scheint auf den ersten Blick ein unfairer Vergleich zu sein, denn schließlich sind unter den 100 Onlineshops auch Schwergewichte wie Otto, Zalando und Mediamarkt. Dennoch führt Amazon beinahe alle Artikel sämtlicher deutscher Onlineshops ebenso in seinem Sortiment. Dieser Umstand entsteht nicht zuletzt auch deswegen, weil viele der Onlineshops Amazon selbst als Vertriebskanal nutzen.

Wie sieht es nun also aus im scheinbaren Kampf einer gegen hundert? In bestimmten Nischen-Bereichen wie Haustierbedarf, Kfz-Zubehör oder Möbel scheinen die Shops ihre Nase noch deutlich vorn zu haben. Dagegen holt Amazon in den Bereichen Freizeit & Sport, Garten & Haushalt und Elektronikartikeln mächtig auf und ist teilweise fast schon so sichtbar, wie alle Shops zusammen. Die Werte werden wöchentlich aktualisiert und monatlich in jeder Produktkategorie in einem Chart ausgewertet. Wer das Ganze mitverfolgen möchte, kann es sich unter shopdoc.de/marketplace-index anschauen. Die Rankings werden hier vollkommen automatisiert abgerufen und über meinen Algorithmus ausgewertet.

Was sagt uns das nun? Ich gehe davon aus, dass Amazon in den nächsten Monaten und Jahren in jeder Produktkategorie deutlich an Sichtbarkeit zulegen wird. Das bedeutet, dass immer mehr transaktionale Suchanfragen von Google zu Amazon wandern werden und wer erst einmal auf dem Marktplatz gelandet ist, wird hier sehr wahrscheinlich auch kaufen und es eben nicht mehr bei den „normalen" Webshops tun. Noch einen Schritt weitergedacht, werden die Nutzer sehr wahrscheinlich danach ein zweites und drittes Mal bei Amazon bestellen und künftig ihre nächsten Produktsuchen direkt und ohne Google-Umweg auf dem Marktplatz starten. Ergo wird Amazon mittel- bis langfristig zusätzlich an Bedeutung im E-Commerce-Bereich gewinnen, sodass es originäre Onlineshops immer schwerer haben. Das ist zumindest eine Vermutung und ob ich damit Recht habe, werden wir in den nächsten Monaten und Jahren sehen.

Kundenzufriedenheit ist das oberste Ziel

Ich habe es das eine oder andere Mal bereits vorher schon angemerkt: die Kundenzufriedenheit ist das oberste Kredo von Amazon. Eigentlich klingt das doch selbstverständlich, oder? Aber genau das ist es eben bei so vielen anderen Onlineshops und auch im Einzelhandel noch immer nicht. Die Zufriedenheit eines Kunden ist absolutes Gold wert und trotzdem verstehen das so viele Händler nicht. Nur wenn ein Käufer mit einer Transaktion rundum zufrieden ist – das gilt für Online- wie für Offline-Geschäfte, steigt damit die Chance, einen Stammkunden zu gewinnen. Retouren sind dabei ebenso wichtig wie Verkäufe, denn auch so lassen sich Kunden zufriedenstellen.

Amazon hat das längst verstanden und wickelt Retouren schnell und kulant ab. Das bewegt die Käufer dazu, auch gerne mal ein bisschen mehr zu bestellen, da sie wissen, dass im Zweifel das Zurücksenden bei Amazon in Perfektion funktioniert. Auch eine kurze Versandgeschwindigkeit, geringe Storno-Quoten und eine freundliche sowie kompetente Kommunikation mit dem Käufer tragen zu einer dauerhaften Kundenbeziehung bei bzw. können dieser genauso im Weg stehen, wenn es schief läuft.

Natürlich ist Amazon kein gemeinnütziger Verein und hat vor allem eins im Sinn: mehr Umsatz! Würde man aber nur auf radikales Wachstum setzen und dabei den Endkunden aus den Augen verlieren, würde das einem Unternehmen selbst in der Größe wie Amazon irgendwann sprichwörtlich „das Genick brechen". Selbst wenn du mit deinem Seller-Account auf dem Marktplatz Millionen umsetzt und damit auch Amazon eine Menge Geld einbringst, reicht das auf Dauer nicht aus. Ist deine Performance als Händler nicht gut genug, dann wirst du mit schlechten Rankings bestraft. Betrügst du zum Beispiel durch gefälschte Bewertungen, wirst du sogar gänzlich der Plattform verwiesen – egal wie viel Umsatz du gemacht hast und das geht schneller als du denkst. Auf eine zweite Chance solltest du dabei nicht hoffen, denn wenn dein Account erst einmal gesperrt wurde, ist der Weg zurück auf den Marktplatz nur über komplizierte Umwege möglich oder gänzlich ausgeschlossen.

Der Grund für diesen sehr strikten Umgang mit den Marketplace-Händlern ist einfach erklärt. Wenn sich bei den Kunden erst einmal herumspricht, dass Amazon doch nicht so toll ist, was würde dann wohl passieren? Kundenvertrauen ist gerade im Onlinehandel ein sehr wertvolles Gut und mit ein Schlüssel für Amazons Erfolg. Wenn du also bereits auf dem Marktplatz verkaufst oder mit dem Gedanken spielst, dort aktiv zu werden, dann solltest du unbedingt immer nach den Spielregeln von Amazon spielen, fair und ehrlich mit deinen Kunden umgehen und stets eine ordentliche Performance abliefern. Nur so kannst du dir ein nachhaltiges Business aufbauen. Keywords sind die Basis.

Verstehe deine Zielgruppe

Wer verkaufen will, der muss natürlich wissen, wie er seine Produkte an den Mann oder die Frau bringen möchte. Kenne deine Zielgruppe – das sollte für jeden Händler immer der Grundsatz sein. Wenn du verstehst, wie deine Käufer „ticken", kannst du dein Produkt viel besser bewerben bzw. sichtbar machen. Deine Kunden sind nicht nur bei Amazon unterwegs, sondern vergleichen eventuell auch in anderen Onlineshops verschiedene Angebote, tauschen sich auf Foren und im Social Web über Erfahrungen mit bestimmten Artikeln aus. Das alles ist Gold wert für das Verständnis, wie deine Käufer sich mit deinem Produkt beschäftigen und welche Begrifflichkeiten sie dafür verwenden. Bevor du also wild drauf los optimierst, nimm dir ruhig einmal die Zeit und recherchiere im Netz gezielt nach möglichen Websites, Diskussionsgruppen und Frage-Antwort-Portalen. Das Ganze scheint nur auf den ersten Blick nervig und zeitraubend, denn am Ende wirst du deine Käufer viel besser einschätzen und verstehen können.

Noch ein Aspekt: Bei Amazon wie auch auf Google geht es schlicht und ergreifend um nichts anderes als Reichweite. Wie du bereits gelernt hast, suchen Menschen sehr unterschiedlich und meinen aber oftmals das Gleiche. Ein Beispiel gefällig? Bitte schön:

Angenommen, du verkaufst einen hochwertigen Kaffeevollautomat auf Amazon. Würdest du jetzt nur das Keyword „Kaffeevollautomat" verwenden, erreichst du auch nur die Menschen, die exakt danach suchen. Was aber ist mit dem Begriff „Kaffeemaschine" oder „Kaffeeautomat" oder „Kaffeeautomat"? Das sind alles Begriffe, die für dich auch relevant sind, da sie genauso von potentiellen Käufern gesucht werden. Jetzt fragst du dich vielleicht, warum ich mir da so sicher bin, dass diese Begriffe auch wirklich auf Amazon eingegeben werden.

Das Zauberwort heißt „Autosuggest" und funktioniert genauso wie bei Google. Sobald du auf Amazon anfängst einen Suchbegriff einzugeben, schlägt Amazon dir interessante Kombinationen vor bzw. vervollständigt deine Anfrage bereits, bevor du sie ganz ausgeschrieben hast. Das passiert nicht etwa zufällig oder willkürlich, sondern basiert genauso wie bei Google auf dem Big Data Ansatz, sprich auf der massenhaften Auswertung von vorherigen Suchanfragen der Nutzer. Du kannst dir also sicher sein, dass Amazon nur die Begriffe im Autosuggest vorschlägt, die bereits im Vorfeld häufiger von anderen Nutzern eingegeben wurden. Nutze daher diese Goldgrube unbedingt für eine tiefergehende Keyword-Recherche. Das ist das perfekte Stichwort, um uns nun „endlich" mit der Praxis zu beschäftigen.

Wie du die Auto-Suggest-Funktion von Amazon genau für die Optimierung nutzen und welche wertvollen Informationen daraus generieren kannst, erfährst du in einem späteren Kapitel.

Die richtige Keyword-Recherche

So, jetzt hast du eine Menge Theoretisches gelesen und nun wollen wir uns mit der Praxis beschäftigen. Die (richtige) Keyword-Recherche bildet dabei die Grundlage für jede Optimierung, denn schließlich erreichen wir mit ihr eine der beiden Säulen von Amazon: die Relevanz. Nur indem unser Artikel mit den richtigen, möglichen Suchbegriffen gespickt ist, besteht überhaupt die Chance gefunden zu werden. Der Amazon-Crawler braucht schlichtweg greifbare Anhaltspunkte, um unser Produkt einer Suchanfrage zuzuordnen und das funktioniert eben nur über die richtigen Keywords. Genau aus diesem Grund habe ich dir im letzten Abschnitt nahe gelegt, dich mit deiner Zielgruppe zu befassen und dir Zeit für eine ausgiebige Recherche zu nehmen.
Tools vs. Verstand

Gerade in der SEO-Branche stürzen sich Optimierer vor allem auf Analyse-Tools, um ihren Content zu erstellen oder zu verbessern. Im Google-Bereich klappt das auch zum Teil ganz gut, weil man beispielsweise mit Tools wie dem Google Keyword Planer fundierte Infos zum monatlichen Suchvolumen eines bestimmten Begriffs bekommt. Allerdings gibt es eine solche Information leider nicht im Amazon-Universum. Man bekommt vom Marketplace derzeit noch keine verlässlichen Informationen darüber, wie oft ein bestimmter Suchbegriff tatsächlich eingegeben wird. Einzig über das Kampagnen-Tool in der Vendor-Central bekommen bestimmte Händler (in diesem Fall nur die Vendoren, nicht die „normalen" Marketplace-Händler) eine grobe Richtung vorgegeben. Hier wird angezeigt, ob ein Keyword selten, mittel oder oft gesucht wird. Ob und inwiefern die Daten stimmen, kann man an dieser Stelle nicht verlässlich sagen.

Das ist allerdings auch nicht wirklich tragisch, denn bei einer jeden Optimierung sollte man immer seinen Verstand nutzen und ein bisschen kreativ denken können. Damit erreicht man oft viel mehr, als sich nur auf Zahlen von Tools zu verlassen. Dennoch kann und sollte man ein gewisses Setting an guten Analyse-Tools verwenden, um einen Überblick zu einem bestimmten Thema zu bekommen. Das lässt sich wieder schön an einem Beispiel erklären.

Angenommen, du hast den Auftrag, eine Optimierung für einen „Fuginator" durchzuführen. Schon mal davon gehört? Ich zumindest noch nicht. Wenn man nun aber mal „Fuginator" in den Keyword Planer von Google eingibt, bekommt man schon ein klareres Bild. Hier werden nämlich auch Begriffe wie „Fugenbürste", „Fugenkratzer" oder „Fugen reinigen" angezeigt. Und schon wird sofort klar, worum es hierbei geht. Ein weiterer Vorteil offenbart sich hier schon einmal, denn man sieht auf einen Blick, dass „Fugenkratzer" 2.400 Mal im Monat bei Google gesucht wird, wohingegen „Fuginator" nur 170 Menschen in die Suchmaschine eingeben. Natürlich sind das an dieser Stelle Daten von Google und nicht von Amazon. Da es sich hierbei aber mehr oder weniger um konkrete Produkte handelt, darf man davon ausgehen, dass auch bei Amazon die Kunden eher nach einem „Fugenkratzer" anstatt einem „Fuginator" suchen. Dies wäre ein erster, sehr wichtiger Hinweis für dich und gleichzeitig ein wertvolles Keyword, zum Beispiel für deinen Produkttitel.
Dennoch liefert dir ein Tool immer nur so viele Daten, wie es selber „kennt" bzw. in der Datenbank hat. Mindestens genauso wichtig ist es allerdings, sich einem Produkt oder Thema mit logischem Verstand zu nähern und zu überle-

gen, was potentielle Käufer in diesem Bereich interessiert. Aber auch hier kann man ein weiteres Tool zur Recherche nutzen. Das sogenannte W-Fragen-Tool, was ich im Rahmen von OnpageDoc (ein allgemeines SEO-Analyse-Tool) mitentwickelt habe. Gibt man hier einmal den Begriff „Fugen“ ein, bekommt man u.a. folgende W-Fragen zurückgeliefert:

- Wer dichtet Fugen ab?
- Wie Fugen weiß bekommen?
- Was kostet Fugensanierung?
- Mit was Fugen reinigen?

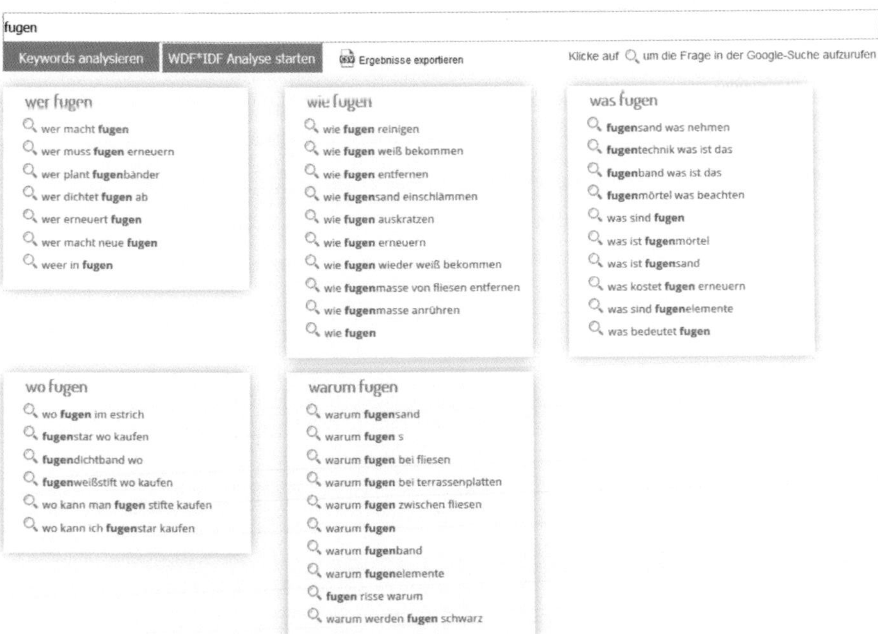

Was sich hier jetzt vielleicht ein wenig sperrig liest, sind exakte Wortlaute, die genau so bei Google eingegeben werden. Wenn du dir die Fragen jetzt einmal genauer anschaust, wird schnell klar, was man hier lernen kann. Potentielle Kunden suchen auch nach „Fugen weiß“ oder „Fugensanierung“. Schon wieder bekommst du wertvolle Hinweise für eine tiefergehende Recherche und gleichzeitig weitere wichtige Keywords für deine Optimierung. Immerhin wird der Begriff „Fugensanierung“ circa 400 Mal im Monat bei Google gesucht. Bei Amazon bekommt man zum gleichen Keyword allerdings nur 12 Suchergebnisse angezeigt. Das wäre eine tolle Chance, um dein Produkt „sichtbar zu machen“, da es hier weniger in der Masse untergehen kann. Allerdings muss man im Nachgang natürlich noch testen, ob dieses Keyword wirklich konvertiert – dazu aber später mehr.

Man kann das hier natürlich noch enorm ausweiten und vertiefen. Dieses Beispiel soll dir nur einmal zeigen, dass man sich mit Tools durchaus einen guten fachlichen und inhaltlichen Überblick verschaffen kann, aber in jedem Fall auch ein wenig um die Ecke denken muss. Ich kann dir bei jeder Optimierung immer empfehlen, Analyse-Tools als Grundlage zu nutzen, aber dich nicht gänzlich darauf zu verlassen. Suche vielschichtig und kreativ – deine Kunden machen dies nämlich ebenso.

Google Trends für Amazon nutzen

Auch wenn ich nicht oft genug betonen kann, dass Amazon nicht gleich Google ist, so gibt es doch nutzbare Parallelen. Neben dem „statischen“ Suchvolumen gilt ist unbedingt auch den „dynamischen“ Traffic zu beachten. Dynamisch sind vor allem transaktionale Suchbegriffe, die auf konkrete Produkte abzielen. Genau das lässt sich wunderbar über Google Trends abbilden. Hier einmal vier unterschiedliche Beispiele:

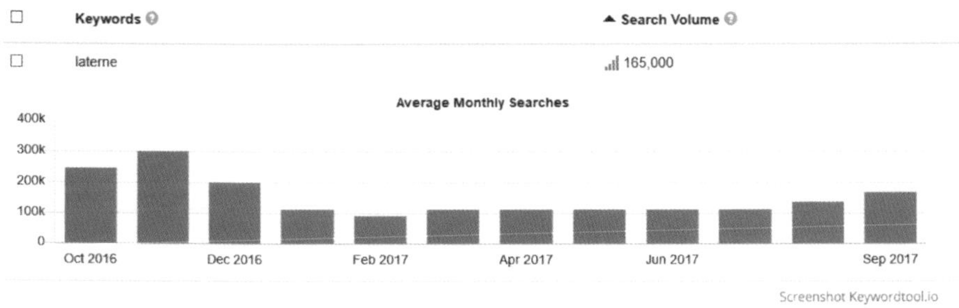

Abb.1: Google-Trends-Analyse zum Keywords „Laterne“

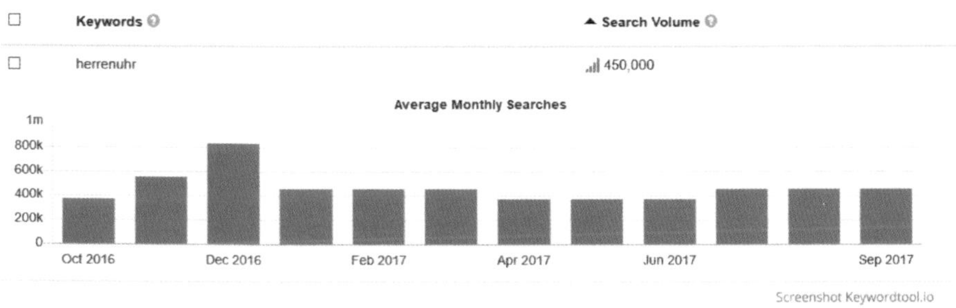

Abb.2: Google-Trends-Analyse zum Keywords „Herrenuhr“

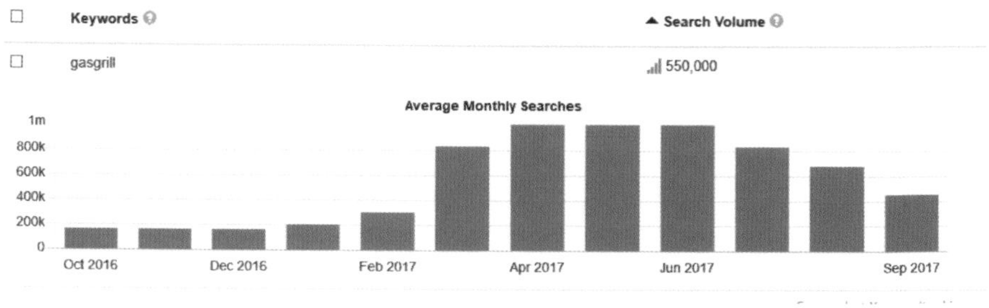

Abb.3: Google-Trends-Analyse zum Keywords „Gasgrill“

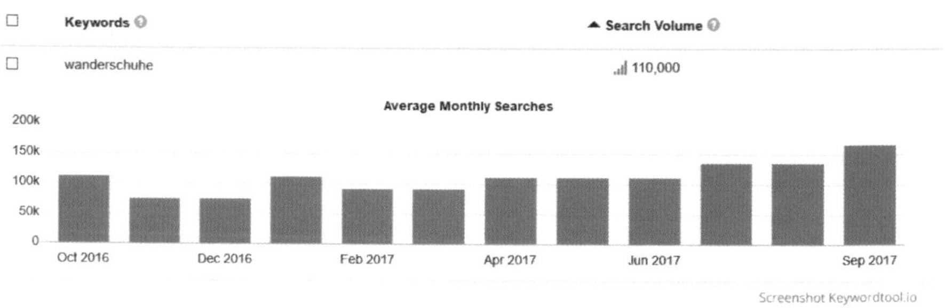

Abb.4: Google-Trends-Analyse zum Keywords „Wanderschuhe“

Alle vier Keywords („Laterne", „Herrenuhr", „Gasgrill", „Wanderschuhe") zielen auf konkrete Produkte ab und werden unterschiedlich oft gesucht. Es kommt aber nicht nur auf das absolute Suchvolumen, sondern eben auch auf das relative pro Monat, bzw. pro Zeitraum an.

Konkret erklärt: Während man Wanderschuhe eher im Spätsommer bis Herbst kauft (typische Wandersaison), ist ein Gasgrill ein Produkt, das zu 100% in den Sommer passt. Kaum jemand grillt im Winter, aber sobald es ab März / April wieder wärmer wird, stehen viele wieder draußen im Garten am Grill.
Eine Laterne dagegen wird vorrangig dann gekauft, wenn es draußen früher dunkel wird und man z.B. mit den lieben Kleinen einen Laternenumzug macht. Eine Herrenuhr verschenkt man offensichtlich gern (sich selbst oder anderen) zu Weihnachten.

Auch wenn dies natürlich Google-Daten sind, so spiegeln sie dennoch das Such- und Einkaufsverhalten der Nutzer wider. Am Beispiel „Gasgrill" sieht man das am besten: das Keyword wird zwar insgesamt (im Mittel) 550.000 Mal pro Monat gesucht, aber differiert in den Monaten sehr stark. Im Oktober bspw. wird der Begriff keine 200.000 Mal bei Google eingegeben und im April explodiert das Suchvolumen auf 1.000.000 Suchanfragen – also mal eben das Fünffache.

Diesen Fakt sollte man für die Amazon Optimierung unbedingt bedenken, denn auch hier braucht es eine Weile, bis ein Produkt zu einem oder mehreren Keywords rankt. Die Optimierung sollte also nach Möglichkeit einige Wochen oder Monate vor der Stoßzeit umgesetzt werden, damit die Sales genau dann mitgenommen werden, wenn die meisten Menschen danach suchen. Auch für klickbasierte Werbung auf Amazon ist das wichtig, denn in der „High-Season" kann und sollte man mehr Budget bereitstellen, um eine möglichst hohe Sichtbarkeit zu gewährleisten. Beides kann in einigen Bereichen absolut erfolgsentscheidend sein.

Kurz und knapp zusammengefasst

Mit Analyse-Tools bekommst du in nur wenigen Minuten einen sehr guten Einstieg für eine Optimierung. Ein monatliches Suchvolumen bei Google lässt sich allerdings nur bedingt auf Amazon übertragen, da der Such-Fokus hier nicht selten ein anderer ist. Dennoch kannst du erste wichtige Erkenntnisse und Keywords gewinnen und dennoch musst du dich einem Thema vielschichtig und kreativ nähern. Nur so wirst du am Ende wirklich auch einen Großteil potentieller Käufer erreichen können.

Bedenke dabei auch die unterschiedlichen Verkaufszeiten, die zu den jeweiligen Produkten passen. Ein Suchvolumen ist per se nur ein Durchschnittswert und kann je nach Zeitraum und Monat sehr stark variieren.

SEO-Praxis – so optimierst du dein Amazon-Produkt

Nachdem wir uns durch ein bisschen Theorie arbeiten mussten, kommen wir zum praktischen Teil. Ich hoffe, du konntest in den vorangegangenen Abschnitten einen guten Eindruck gewinnen, wie man sich einem Thema und seiner Zielgruppe analytisch nähern kann. Wenn du vielleicht sogar aus dem SEO-Bereich kommst, wird dir einiges bereits bekannt gewesen sein und auch in den folgenden Abschnitten sind viele Parallelen zur „klassischen Suchmaschinenoptimierung“ bei Google erkennbar. Tatsächlich fühlt man sich bei Amazon so ein bisschen in die Vergangenheit zurückversetzt – in die Zeit von vor 8-9 Jahren als man noch mit sehr einfachen Mitteln sehr viel Sichtbarkeit erzeugen konnte. Gleiches gilt gerade jetzt NOCH für Amazon. Du kannst dir allerdings bei einem ganz sicher sein: das wird nicht ewig so bleiben. Erstens wird Amazon als technologiegetriebenes Unternehmen auch schlauer in der Weiterentwicklung seiner Suchalgorithmen. Zweitens tragen solche Bücher wie dieses und eine aufkommende Amazon-Optimierungs-Szene dazu bei, dass immer mehr Produktseiten bei Amazon optimiert werden. Die Luft an der Spitze der Sucherergebnisse wird also mittel- und langfristig dünner werden. Umso wichtiger, dass du dich intensiv mit der Optimierung deiner Produkte beschäftigst.

Alles, was du nun in den folgenden Abschnitten der Optimierung liest, dient einzig und allein der Erfüllung der Relevanz-Faktoren bei Amazon. Hier geht es darum, dass du dein Produkt bestmöglich relevant zu potentiellen Suchanfragen optimierst. Damit alleine wirst du noch nicht die Charts der Ranking-Spitze stürmen können, aber du schaffst so erst einmal die Grundlage dafür.

Und noch ein wichtiger Hinweis: denk unbedingt daran, dass dein Produkt am Ende von echten Menschen wahrgenommen und gekauft wird. Eine Optimierung für den Crawler ist dabei immer nur Mittel zum Zweck – letztendlich optimierst du für Käufer aus Fleisch und Blut. Achte daher darauf, dass du dein

Produkt nicht krampfhaft mit Keywords vollpresst und dabei die Lesbarkeit darunter leidet. Produkte, die nicht gekauft werden, bleiben nicht lange auf prominenten Platzierungen. Frage dich daher immer stets selber: „Würde ich ein so präsentiertes (optimiertes) Produkt wirklich kaufen?“

Ein letzter Tipp: anders als bei der Optimierung von Websites bringen Wiederholungen von Keywords (auch „Keyword-Dichte“ genannt) bei Amazon rein gar nichts. Es schadet sicherlich auch nicht, wenn ein bestimmtes Wort mehr als einmal verwendet wird. Ein besseres Ranking wirst du damit allerdings auch nicht erreichen.

Amazon Auto-Suggest verstehen und nutzen

Nutze in jedem Fall immer auch die Auto-Suggest Funktion der Amazon-Suche. Indem du deine Keywords eingibst, wird dir oft auch eine Erweiterung mit neuen Begriffen vorgeschlagen – das alles sind potentielle Keywords für deine Optimierung. Die hiermit gewonnenen Keywords kannst du dann für alle Bereiche deines Listings verwenden. Hier ein Beispiel:

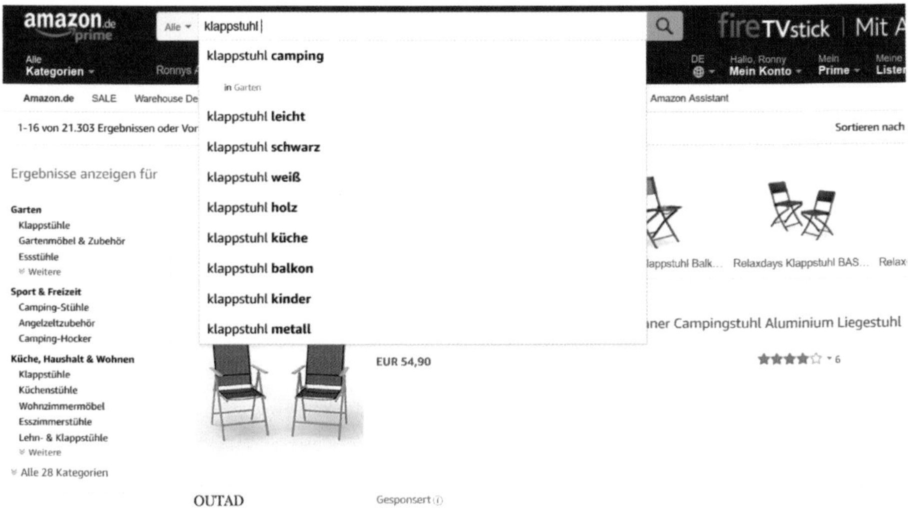

Nehmen wir bspw. das Keyword „Klappstuhl“: Gibst du dieses wie im obigen Beispiel zu sehen bei Amazon ein, erhältst du ergänzende Keywords in diesem Bereich, welche Nutzer in diesem direkten Zusammenhang auch suchten:

- Klappstuhl Camping
- Klappstuhl leicht
- Klappstuhl schwarz
- Klappstuhl Holz
- Klappstuhl Küche
- Klappstuhl Balkon

Die Reihenfolge ist in der Regel nach Häufigkeit der Suchanfrage geordnet, d.h. das Keyword „Klappstuhl Camping“ wird häufiger gesucht als das Keyword „Klappstuhl Balkon“. Dies ist ein sehr wichtiges Indiz, das dir Amazon direkt an die Hand gibt. Auch zeigt dir Amazon bereits unterhalb des „Major-Keywords“ ganz oben die passende Kategorie an – in diesem Fall „Garten“. Bietest du also solche Produkte an, so solltest du sie entsprechend auch in diese Kategorie einordnen.

Die Keyword-Vorschläge solltest du übrigens auch mindestens noch in zweiter und dritter Hierarchie prüfen. Nehmen wir die Suchphrase „Klappstuhl Camping“:

- Klappstuhl Camping klein
- Klappstuhl Camping 150kg
- Klappstuhl Camping grün
- Klappstuhl Camping 4er Set
- Klappstuhl Camping leicht

Geht man auf die dritte Hierarchie, so findet man ebenfalls interessante Keyword-Kombinationen:

- Klappstuhl Camping mit Fußablage
- Klappstuhl Camping mit Sonnenblende

Umso tiefer du gehst, desto rarer werden die Vorschläge und desto geringer die gelisteten Produkte. Weniger Produkte heißt aber auch weniger Konkurrenz und höhere Verkaufschance für dich. Hier ein konkretes Beispiel (Stand Oktober 2017):

- Klappstuhl: 21.304 Angebote
- Klappstuhl Camping: 5.181 Angebote
- Klappstuhl Camping mit Fußablage: 65 Angebote

Das Optimieren auf Longtail-Suchbegriffe funktioniert bei Google genauso gut, wie bei Amazon. Einerseits ist hier deutlich weniger Konkurrenz unterwegs und andererseits weiß der Suchende schon genau was er oder sie kaufen möchte. Will jemand nun also einen Camping-Klappstuhl mit Fußablage und sieht dein Angebot, findet den Preis sowie die Darstellung gut, ist eine Kaufwahrscheinlichkeit (Conversion-Chance) enorm hoch.

Autosuggest funktioniert in beide Richtungen

Wusstest du übrigens schon, dass Auto-Suggest auch rückwärts funktioniert? Schau noch einmal kurz in den letzten Absatz – fällt dir etwas auf? Ich habe geschrieben „Camping-Klappstuhl“ und nicht „Klappstuhl Camping“. Beides meint das Gleiche aber erzielt z.T. sehr unterschiedliche Suchergebnisse. Probiere es einmal mit verschiedenen Suchbegriffe auf Amazon aus und du wirst feststellen, dass hier sich die Suchergebnisliste teilweise völlig verändert. Diesen Effekt kannst du für dich nutzen, denn die Auto-Suggest-Funktion lässt sich in beide Richtungen prüfen. Und das geht so:

1) Führe eine normale Textsuche bei Amazon aus.
2) Schreibe vor den Suchbegriff ein # (ein Hashtag / eine Raute)
3) Verwende die dort angezeigten Keywords in deinem Listing

Suchen wir nun also „rückwärts“ so bekommen wir ganz andere Vorschläge zu unserem Keyword von Amazon:

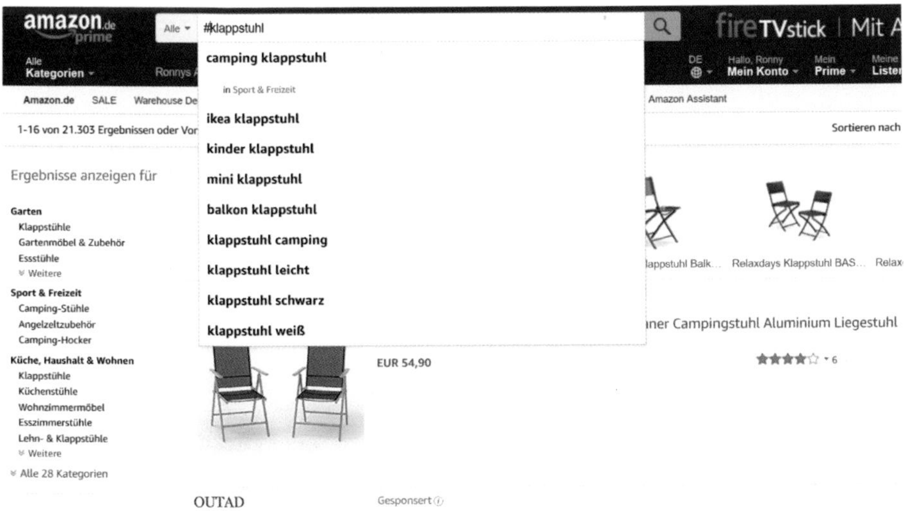

- Camping Klappstuhl
- Ikea Klappstuhl
- Kinder Klappstuhl
- Mini Klappstuhl
- Balkon Klappstuhl

Damit ist klar, dass die Begriffe „Klappstuhl“ und „Camping“ tatsächlich zusammengehören, denn sowohl davor als auch danach suchen Nutzer auf Amazon ganz konkret danach. Bedenke dabei, dass jeder Nutzer anders sucht: Die einen geben erst den Verwendungszweck und dann das Produkt ein und die anderen drehen es um. Beide Nutzergruppen suchen jedoch nach dem gleichen Produkt und idealerweise holst du sie über die Platzierung der verschiedenen Schreibweisen und Anordnungen im Listing ab.

Das musst du konkret tun: Platziere in deinem Listing z.B. im Titel die Suchworte „Klappstuhl Camping“ und in den Bulletpoints „Camping Klappstuhl“. So erhöhst du die Relevanz für beide Suchphrasen und steigerst deine Sichtbarkeit.

Bedenke dabei bitte auch, dass die Verwendung von Füllwörtern ebenfalls die Relevanz beeinflussen und die Suchergebnisse verändern. Laut Amazon werden Füll- und Stoppworte ignoriert, tatsächlich ändern sich jedoch die Suchergebnisse, wenn die Suchanfrage mit und ohne diesen Worten gestartet wird. Probiere es einmal selbst:

1) Suche nach „Klappstuhl für Camping"
2) Suche nach „Klappstuhl Camping"

Nicht nur die Anzahl und die Positionierung der Produkte in der Suchergebnisliste ändern sich dabei, sondern auch die Filter auf der rechten Seite. Gleiches gilt auch für Singular, Plural und verschiedene Schreibweisen. Experimentiere daher ruhig ein wenig herum und versuche dabei die relevantesten Keywords für dein Produkt herauszufinden. Das Ganze kostet sicherlich einige Zeit, kann sich aber im Zweifel lohnen.

Tools wie Amalyze, Sonar (von Marketplace Analytics) oder Keywordtool.io können dir dabei viel manuelle Arbeit abnehmen. Dennoch verlasse ich mich nie zu 100% nur auf Tools, sondern gehe häufiger auch den manuellen Weg, um die Tool-Ergebnisse zu validieren oder auf ganz neue Ideen zu stoßen. Fast immer bekommst du deutlich mehr Keyword-Kombinationen, als du in deinem Listing unterbringen kannst, ohne es zu sehr nach Spam aussehen zu lassen. Speichere dir daher ruhig alle Kombinationen in einer separaten Excel-Tabelle und verwende diese dann später, um PPC-Kampagnen anzulegen. So ist die Arbeit nicht umsonst, du hältst dein Listing „sauber" (=kein Spam) und erreichst eine hohe Sichtbarkeit.

Im Abschnitt „Optimiere deine Meta Keywords" erkläre ich dir, wie man eine solche Keyword-Tabelle mit Excel aufbauen kann.

Optimierung deines Produkttitels

Hier tut sich schon wieder eine Parallele zu Google auf, denn der Titel ist auch bei Amazon der wohl wichtigste Relevanz-Faktor, um eine Suchanfrage auszuwerten. Alle Keywords, die in einem Produkttitel vorhanden sind, haben auch bei Amazon die höchste Wertung für einen Suchanfrage. Es gibt mittlerweile unterschiedliche Aussagen, wie lang ein optimaler Produkttitel auf Amazon sein sollte. Die einen sagen, man sollte 200 Zeichen ausfüllen, die nächsten empfehlen eine Maximallänge von nur 80 Zeichen. Fakt ist, dass in den Suchergebnislisten ein Produkttitel meist nach 120 Zeichen mit „…" abgekürzt wird. Allerdings werden auch Keywords im Titel indexiert, die länger als 120 Zeichen sind. Wie sich ein eher längerer oder kürzerer Titel konkret auf das Ranking auswirkt, kann man vom jetzigen Standpunkt aus nicht seriös festlegen. Es hängt sicherlich auch immer ein bisschen von der Kategorie und/oder den Konkurrenzprodukten ab.

Nach aktuellen Erkenntnissen (Stand Oktober / November 2017) werden Titel abgestraft, die länger sind als 200 Zeichen. Zudem zeichnet sich ab, dass Amazon immer stärker seine eigenen Styleguides durchsetzt. Diese Richtlinien sind von Kategorie zu Kategorie unterschiedlich und definieren genau, wie ein Titel auszusehen hat. In der Regel gelten die folgenden Punkte:

[Marke] + [Modellnummer / Modellname] + [Produktbezeichnung] + [Maße / Volumen / Verpackungsgröße etc.]

Speziell bei Vendoren, also Herstellern oder Händler, die ihre Ware direkt an Amazon verkaufen und nicht mehr selbst als Verkäufer auf dem Marketplace agieren, boxt Amazon seine Richtlinie sehr viel strenger durch, als bei „normalen" Sellern. Es ist also davon auszugehen, dass Amazon früher oder später seine Styleguides für alle Akteure verpflichtend macht. Hält man sich nicht daran (oder weicht zu stark davon ab), kann dies mit einem deutlichen Sichtbarkeitsverlust oder De-Indexierung bestraft werden.

Bitte beachte: Die Styleguides sind teilweise schon Jahre alt und werden durchaus auch von Amazon immer mal wieder angepasst und aktualisiert. Hier ein paar generelle Regeln, die für die meisten Kategorien gelten:

Richtig:

- Korrekte Groß- und Kleinschreibweise beachten
- Zahlen in Ziffern („2“ statt „zwei“) schreiben
- den Titel möglichst kurz und bündig halten, aber auch wichtige Informationen einfügen
- Der Titel sollte nicht länger als 150 Zeichen (Bytes!) sein
- Der Titel darf nur in deutscher Sprache eingestellt werden
- Bei Angebotspaketen (Bundles) muss die Anzahl der Produkte im Titel angegeben werden

Falsch:

- Nur Klein- bzw. Großbuchstaben & Zahlenworte
- Auflistung von kompatiblen Produkten - diese gehören in die Attributliste
- Zu lange Titel oder Suchworte im Titel (auch an die Darstellung auf mobilen Endgeräten denken)
- Preis und Zustandsbeschreibung im Titel
- Benutzen von Symbolen im Titel wie z.B.: !, ?, *, €, oder Anführungszeichen„..“
- Subjektiv formulierte oder auf Werbeaktionen bezogene Kommentare wie z.B. „neu“, „Best Seller“, „Versandfrei“, „ Made in Germany“, „Testsieger“, usw.

Diese ominösen 200 Zeichen kommen übrigens aus dem Mutterland von Amazon. In Amerika, also auf amazon.com, werden nicht selten die ersten Änderungen getestet und dann später auch auf allen anderen Ablegern der Amazon-Marktplätze weltweit ausgerollt. Im besagten Amerika hatte man die 200 Zeichenbegrenzung für den Titel zuerst getestet und sogar Produkte schlechter gerankt, die mehr Zeichen verwendeten. Man kann also davon ausgehen, dass diese Restriktion auch für den deutschen Marktplatz gilt.

Wie aber solltest du nun deinen Produkttitel genau aufbauen. Auch hier muss ich einmal eine kleine Schleife einbauen und diese mit „It depends…" („Es hängt davon ab…") begründen. Wenn du zum Beispiel ein bekanntes Markenprodukt verkaufst, sollte dein Titel auch mit der Marke und dem Modell beginnen. Bietest du ein eher unbekanntes Produkt an oder verkaufst zum Beispiel einen importierten Artikel unter einem „Private Label" bzw. einer eigenen Marke, dann sollte dein Titel eher mit dem wichtigsten Keyword beginnen, nach dem Käufer wohl am ehesten suchen würden.

An welcher Stelle deine Keywords im Titel stehen (das gilt auch für die Bullet Points und die „Meta Keywords") hat nach derzeitigem Erkenntnisstand weitestgehend keine Auswirkung auf das Ranking. Dennoch lesen echte Menschen am Ende deinen Titel. Eine bekannte Marke kann schnell zum Kauf überzeugen. Aber auch das passende Stichwort schafft Aufmerksamkeit und provoziert einen Klick weg aus der Suchergebnisliste hin zu deiner Detailseite.

Außerdem solltest du dir überlegen, was der USP (Unique Selling Proposition) deines Produktes ist, d.h. was dein Produkt im Vergleich zu vergleichbaren Angeboten einzigartig macht. Im Marketing spricht man auch vom „Alleinstellungsmerkmal" – mit einer der Grundlagen für Werbung von Produkten. Frage dich einfach: „Warum sollte jemand genau dieses und kein anderes Produkt kaufen?"

Noch ein wichtiger Hinweis: versuche dich beim Titel auf eine, maximal zwei Kernaussagen zu konzentrieren, sonst verwirrst du potentielle Käufer. Verwendest du zu viele, sehr unterschiedliche Keywords (Stichwort „Eierlegende Wollmilchsau"), dann schreckt das unter Umständen einen Kunden eher ab. Und so könnte das Ganze in der Praxis aussehen: du verkaufst beispielsweise einen runden Malerpinsel aus Schweinehaarborsten mit Holzgriff.

Schlechter Titel: „Runder Pinsel mit Schweinehaar“

Der Titel wäre zu kurz, enthält wenige Keywords und aktiviert nicht wirklich – sprich er animiert nicht zum Klicken und dementsprechend auch nicht zum Kaufen. Tatsächlich aber sehen überraschenderweise genau so die meisten Produkttitel auf Amazon aus, da sich die meisten Händler keine oder nur wenige Gedanken darüber machen, wie ihr Produkt auf Amazon präsentiert wird.
Besserer Titel: „Colormaster 50mm Profi-Rundpinsel, echte Schweineborsten, hochwertiger Maler-Pinsel für drinnen & draußen - perfekt zum Renovieren & Streichen“

Mit dieser Optimierung erreichen wir gleich mehrere Sachen auf einmal:

1) Bessere Keyword-Abdeckung
Durch die kombinierte Verwendung der Primär-Keywords „Profi-Rundpinsel“ und „Maler-Pinsel“ im Titel erreichen wir eine Sichtbarkeit zu mehreren Suchbegriffen ohne eine Überfrachtung mit Suchbegriffen, was schädlich für die Lesbarkeit wäre. An dieser Stelle ein wichtiger Tipp: durch die Verwendung des Bindestrichs zwischen zwei Keywords, werden immer gleich drei Keyword-Kombinationen abgedeckt. In unserem Fall decken wir hier die Keywords „Maler“, „Pinsel“ und „Malerpinsel“ ab.

2) Füllwörter vermeiden
In diesem Titel sind so gut wie keine Füllwörter vorhanden. Für das Ranking sind solche Worte irrelevant und nehmen nur wichtigen Platz im Titel weg. Aber auch hier gilt: bitte unbedingt auf die Lesbarkeit achten. Wenn nur Keywords aneinander gereiht werden, sieht das nicht besonders ansprechend aus und vermittelt auch beim möglichen Käufer kein seriöses Bild. Einige wenige Füllwörter sind in Ordnung, wenn man sie sparsam und zur Steigerung der Lesbarkeit einbaut.

3) Zahlen und Sonderzeichen sorgen für Aufmerksamkeit und erhöhen die Klickrate
In der Werbesprache könnte man dazu auch „Störer“ sagen. Es geht hierbei be-

wusst um Elemente, welche Aufmerksamkeit erzeugen, weil sie den normalen Lesefluss unterbrechen. Zahlen und Sonderzeichen eignen sich dafür innerhalb des Titels sehr gut, da sie auch in den Suchergebnissen bereits eine höhere Aufmerksamkeit und damit Klickwahrscheinlichkeit erzeugen. Außerdem kannst du statt des Wortes „und“ auch das kaufmännische „&“ verwenden. Damit sparst du nicht nur wertvollen Platz, sondern sorgst zusätzlich für mehr Aufmerksamkeit. Alternativ kannst du auch einige (wenige) Worte im Titel in Großbuchstaben schreiben. Ich selbst bin allerdings kein Freund davon, da das nicht besonders ansehnlich ist.

Zusätzlich verwende ich in diesem Titel senkrechte Striche (auch „Pipes“ genannt), um einzelne Wortgruppen und Verkaufsargumente besser voneinander zu trennen. Auf diese Weise kann ein Benutzer schneller erfassen, worum es geht und sich bestimmte Dinge besser merken.

4) Positive und aktivierende Worte

Betrachte Amazon als Werbeplattform für deinen Artikel. Du musst den Nutzer von deinem Produkt überzeugen und das nicht erst auf der Produktseite selbst. Bereits in den Suchergebnissen gilt es unbedingt Überzeugungsarbeit zu leisten. Positive Adjektive können hierbei sehr hilfreich sein, aber du solltest es auch hier nicht übertreiben. In unserem Fall habe ich hier folgende Worte verwendet: „echte …“ (= Vertrauen in das Produkt schaffen), „hochwertiger …“ (= Qualität des Produktes hervorheben) und „perfekt zum…“ (= Verwendungszweck betonen).

5) Verwendungsweck wird angeteasert

Verkaufe nicht den Bohrer, sondern das Loch in der Wand. Auf diese Weise kannst du in deinen Produkttitel noch weitere Sekundär-Keywords einbauen und sorgst für ein „rundes“ Bild. Der mögliche Käufer kann sich schneller und besser vorstellen, wie er dein Produkt verwenden kann. In unserem Fall habe ich „drinnen & draußen“ sowie „Renovieren & Streichen“ integriert.
Du siehst, es gibt eine ganze Menge zu beachten, wenn es um die Optimierung des Titels geht. Ich habe hier ein fiktives Beispiel verwendet, das dir verschie-

dene Möglichkeiten aufzeigen soll. Nicht alles wird auch für jedes Produkt auf diese Weise funktionieren. Probiere einfach ein bisschen aus, was am besten konvertiert. Allerdings solltest du deinen Titel nicht zu schnell und zu oft ändern, damit du realistisch nachvollziehen kannst, was nun zum größeren Erfolg geführt hat. In jedem Fall aber solltest du in der Entwicklung deines Produkttitels genügend Zeit, Hirnschmalz und Kreativität stecken, da sich hier schon oft entscheidet, ob ein Kunde auch kauft oder nicht.

Noch ein Tipp: Kennst du das AIDA-Prinzip? Das ist eine bewährte Methode aus der Werbung, um zum Beispiel ganze Kampagnen zu planen. AIDA steht in diesem Fall für Attention, Interest, Desire und Action – also Aufmerksamkeit, Interesse, Verlangen und Aktion. Und genau darum geht es auch, wenn du dein Produkt optimierst – das gilt insbesondere natürlich für den Titel, denn das ist das Erste, was ein möglicher Käufer liest. Um es anders auszudrücken:

1) Schaffe mit dem Titel Aufmerksamkeit (z.B. durch bestimmte Schlagworte)
2) Baue ein Interesse auf (z.B. durch positive Adjektive)
3) Erzeuge ein Verlangen auf (z.B. durch den Verwendungszweck)
4) Sorge für eine Klickaktion (z.B. durch künstliche Verknappung)

Optimierung deiner Bullet Points

Vieles, was für den Titel gilt, solltest du auch bei den Bullet Points beachten, denn das ist das Zweite, was ein Kunde liest. Hier geht es grundsätzlich darum, eine Balance aus weiteren Suchbegriffen und Kaufargumenten zu schaffen. Du fragst dich jetzt vielleicht, was die Bullet Points sind. Schau einmal neben dem Produktbild und unter dem Preis einer Amazon Artikelseite. In der Regel findest du dort eine Liste mit fünf Punkten, den sogenannten „Bullet Points". Amazon nennt das ganze „Attribute", aber hier nur Eigenschaften deines Produktes einzutragen, wäre deutlich zu kurz gefasst. Für die Bewertung der Relevanz deiner Produktseite zu einer Suchanfrage, rangieren die Bullet Points gleich hinter dem Produkttitel – sie sind also enorm wichtig und sollten daher mit der entsprechenden Sorgfalt befüllt werden.

An dieser Stelle sei noch einmal erwähnt, dass nach aktuellem Kenntnisstand eine Wiederholung von Keywords keinen Vorteil im Ranking bzw. im Produktlisting bringt. Daher solltest du es vermeiden, die gleichen Suchbegriffe aus dem Titel nochmals in dieser Liste aufzuführen. Einen negativen Einfluss konnte ich selbst bei einer Wiederholung noch nicht feststellen, aber Amazon scheint Doppelungen von Worten schlicht zu ignorieren. Konzentriere dich also bei der Optimierung deiner Produkte an dieser Stelle wirklich auf Suchbegriffe, die du z.B. aus Platzgründen noch nicht in den Titel hast einfügen können.

Bevor du nun aber wie wild anfängst, Keywords in die Bullet Points zu pressen, solltest du dennoch auch überlegen, was dem tatsächlichen Nutzer an dieser Stelle wirklich interessiert. Betrachte es einmal von dieser Seite: ein Besucher hat es nun wirklich auf deine Produktseite geschafft – nun gilt es, ihn davon zu überzeugen, dass dein Produkt genau das ist, was er braucht oder haben will. Der Titel ist sicherlich ein wichtiger Aktivator und auch die Bilder zahlen direkt auf einen Kauf ein, aber darum kümmern wir uns später noch. Jetzt gilt es, mit Fakten zu überzeugen, denn die Bullet Points sind nicht umsonst von Amazon an eine solche prominente Position gerückt worden. Folgende Fragen solltest du für dich beantworten bzw. als Grundlage für die Befüllung deiner Bullet Points nutzen:

1) Welche speziellen Eigenschaften macht mein Produkt aus?
Amazon nennt diese Liste in der Seller Central nicht ohne Grund „Attribute". Das ist keinesfalls ein Dogma und die meisten Händler nutzen diese Liste so gut wie gar nicht, um einerseits mehr Relevanz und andererseits mehr Kaufinteresse zu generieren. Sei cleverer und bringe hier neben wichtigen Suchbegriffen auch ein paar Fakten zu deinem Produkt unter. Ähnlich wie beim Titel gilt auch hier, dass Zahlen und Sonderzeichen für Aufmerksamkeit sorgen. Nutze das auch in den Bullet Points aus, indem du z.B. das Gewicht, Abmaß, Zusammensetzung / Inhaltsstoffe oder ähnliches benennst. Achte aber dennoch darauf, dass du hier keine Zahlenwüste schaffst. Pro Bullet Point solltest du dich auf ein Argument bzw. eine Eigenschaft beschränken.

Bulletpoints einfach, mit Komma trennen! sieht man eh nicht! viele Schlagwörter!

2) Was ist das Alleinstellungsmerkmal bzw. worin unterscheidet sich mein Artikel von anderen?
Im Marketing spricht man auch vom USP (Unique Selling Proposition) und das klingt komplizierter als es eigentlich ist. Du bist der Verkäufer und das Produkt ist „dein Baby“ – niemand kennt es besser als du selbst. Lege also dar, was deine Ware besser macht im Vergleich zur Konkurrenz: langlebiger, bessere Qualität, hochwertigere Materialien, bessere Wirkungsweise etc. Vermeide dabei aber unbedingt die konkrete Benennung von bestimmten Konkurrenz-Marken oder -Produkten. Zwar ist vergleichende Werbung zum Teil erlaubt, aber dennoch gibt es hier einige Rechtstücken.

3) Wie kann mein Produkt dabei helfen, ein Problem zu lösen bzw. eine bestimmte Aufgabe zu meistern?
Wie bereits bei der Optimierung des Titels erwähnt (nicht Bohrer, sondern Loch in der Wand verkaufen) kannst du nun hier richtig ausholen und konkret erklären, warum und wie dein Produkt bestimmte Probleme lösen kann. Gerade dann, wenn du etwas Innovatives oder noch Unbekanntes verkaufen willst, musst du die Käufer davon überzeugen und ihr Interesse wecken. Nach dem Lesen der Bullet Points muss der Kunde ein gewisses Aha-Erlebnis haben. Werde aber nicht zu ausschweifend und vermeide auch hier die übermäßige Verwendung von Füllwörtern. Ganze Sätze kann man nutzen, muss man aber nicht. Auch gut formulierte Stichpunkte reichen in der Regel aus. Achte aber unbedingt auf eine schlüssige Argumentation und Lesbarkeit.

4) Wonach könnten potentielle Käufer meines Produkts noch (auf Amazon) suchen?
Bei allem, was du hier schreibst, solltest du immer die Keyword-Recherche im Kopf bzw. zur Hand haben. Natürlich musst du mit den Bullet Points einen Besucher zum Kauf überzeugen, aber nutze dafür unbedingt deine recherchierte Liste an Suchbegriffen, um deine Argumente zu formulieren. Statt „Pinsel“ könnte man auch „Quast“ schreiben; statt „Tasse“ auch „Becher“; statt „Shirt“ auch „Oberteile; statt „Kamera“ auch „Fotoapparat“. Nutze einfach deine Liste an Keywords und versuche so viel Variation wie möglich in deine Bullet Points

zu bringen. Denke daran: du wirst immer nur zu den Keywords gefunden, welche du auch in deine Optimierung einbeziehst. Arbeite daher unbedingt im Vorfeld gründlich und ganzheitlich.

Noch einmal zur Erinnerung: die Bulletpoints sind enorm wichtig für die Relevanz im Suchalgorithmus von Amazon. Versuche daher unbedingt, viele wichtige Suchbegriffe hier abzubilden und kombiniere diese mit Positivwörtern und verkaufsfördernden Fakten über dein Produkt.

Beachte: Schreibe hier keine Romane oder wilde Storys. Fasse in den Bullet Points kurz und knapp zusammen, was dein Produkt ausmacht. Ein Bulletpoint sollte nicht länger als 250 Zeichen (Bytes!) und alle Bulletpoints zusammen sollten nicht länger als 1.000 Zeichen (Bytes!) sein. Bei einer Überschreitung dieser Werte kann es passieren, dass Amazon sämtlichen Content für die Indexierung ignoriert, was wiederum fatale Folgen für deine organische Sichtbarkeit haben kann.

Wichtig ist hier auch zu beachten, dass in der mobilen Darstellung (gilt für die Amazon-App und mobile Webversion) nur die ersten drei Bulletpoints angezeigt werden. Die übrigen zwei Punkte werden erst eingeblendet, wenn man diesen Bereich antippt. Das bedeutet für deine Optimierung, dass du wichtige Verkaufsargumente in die ersten drei Punkte packen solltest. Die anderen beiden Bulletpoints sollten zwar nicht unbedingt mit Keywords überflutet werden (bitte niemals spammen), jedoch kann man hier etwas stärker für die Suchmaschine optimieren und z.B. wichtige Suchphrasen einbauen.

Noch ein Tipp: Du wirst auf verschiedenen Detailseiten auf Amazon vielleicht festgestellt haben, dass hier unterschiedliche Layouts zur Anwendung kommen. So kannst du z.B. im Bereich „Handmade“ (= personalisierbare Produkte) gar keine Bulletpoints festlegen. In anderen Kategorien (z.B. Taschen) generiert Amazon den Inhalt der fünf Punkte z.T. völlig autark anhand der hinterlegten Produkteigenschaften. Wiederum in anderen Bereichen sieht man sogar bis zu sieben Bulletpoints – wieder ein Indiz dafür, dass Amazon viel testet und Kategorie spezifisch funktioniert.

Update November 2017:

Gerade legt Amazon sehr unterschiedliche Anforderungen an die Bulletpoints: In einigen Kategorien werden nur noch maximal 100 Zeichen (Bytes!) pro Bulletpoint und in anderen maximal 500 Zeichen pro Punkt zugelassen. Noch ist es schwer zu sagen, ob Amazon hier einen Test fährt oder es ein kategoriespezifisch so bleibt. Als ganz groben Richtwert empfehle ich dir folgende Regel:

Max. 250 Zeichen (Bytes!) pro Bullet und max. 1.000 Zeichen insgesamt für alle Punkte zusammen.

Optimierung deiner „Meta Keywords“

Vielleicht hast du dich schon einmal gefragt, warum zu einer bestimmten Suchanfrage Produkte angezeigt werden, die weder im Titel, in den Bullet Points noch in der Beschreibung dieses Keywords enthalten. „Schuld“ daran sind die „Meta Keywords“, die man für den normalen Kunden unsichtbar für jeden Artikel auf Amazon festlegen kann. Vorab aber ein kleiner Exkurs in Sachen SEO.

Wenn du bereits einige Zeit im Bereich der Suchmaschinenoptimierung aktiv warst, dann wirst du dich bestimmt noch an die Meta Keywords erinnern, oder? Für diejenigen, die mit diesem Begriff nicht so viel anfangen können, hier eine kleine Erklärung.

Bei einer Website gibt es einmal den „normalen“ Content, den jeder Besucher der Seite sehen kann – also Texte, Bilder, Buttons usw. Dann gibt es die sogenannten Meta-Informationen, welche nur im Quellcode der Seite vorhanden sind. Für das Ranking bei Google spielen diese Meta-Informationen eine wichtige Rolle. So ist z.B. der Titel einer Webseite ähnlich wichtig, wie der Produkttitel bei Amazon. Auf einer Website kann man ebenso „Meta Keywords“ vergeben, also fest definierte Suchbegriffe, zu denen eine Webseite gefunden werden soll. Vor einigen Jahren beachtete Google diese für den echten Besucher nicht sichtbaren Keywords tatsächlich für das Ranking – schaffte diesen Faktor jedoch bereits im Jahre 2009 wieder ab und ignoriert eine solche Auflistung, falls sie noch vorhanden ist.

Jetzt fragst du dich vielleicht, warum ich hier nochmals einen kleinen Schlenker in Sachen SEO für Websites gemacht habe. Wenn du dich in deine Seller Central einloggst, ein bestimmtes Produkt bearbeitest und dort auf den Reiter „Suchbegriffe“ klickst, dann siehst du, was ich meine. Hier siehst du die „Allgemeinen Schlüsselwörter“ und die „Platinum Schlüsselwörter“. Letztere kannst du völlig unbeachtet und leer lassen, da die Platinum Keywords absolut nichts mit dem organischen Ranking zu tun haben. Konzentriere dich nur auf die allgemeinen Begriffe und nutzen den Platz sinnvoll aus.

Bei den allgemeinen Schlüsselwörtern ändert sich derzeit wohl am meisten. Allein in den letzten 12 Monaten (Stand November 2017) gab es gleich mehrere gravierende Änderungen in diesem Bereich mit z.T. enormen Auswirkungen für die organische Sichtbarkeit. Anfangs waren es fünf Zeilen zu je 50 Zeichen (Bytes!), welche dann 2016 auf 5 x 1.000 Zeichen erweitert wurden. Einige Monate später ruderte Amazon zurück und beschränkte den Platz für die Backend-Keywords auf 250 Zeichen. Zu diesem Zeitpunkt wurden bei einigen Sellern noch bis zu maximal 1.000 Zeichen indexiert. Die offizielle Aussage bei Vendoren wiederum war: maximal 50 Wörter(!). Richtig gelesen, keine Zeichen, sondern durch Semikolon getrennte Wörter, die wieder sehr unterschiedlich lang sein können. Dieses ganze Hin und Her zeigt sehr anschaulich, wie chaotisch der Informationsfluss innerhalb der eigenen Reihen von Amazon ist.

Und jetzt kommt die Brücke zum allgemeinen „Google SEO", denn diese Schlüsselwörter bei Amazon sind im Prinzip nichts anderes als die Meta Keywords bei einer Website – der echte Besucher sieht diese Keywords nicht. Einen gravierenden Unterschied gibt es allerdings: bei Websites kann ich mir mit jedem Browser den Quellcode der Seite anschauen und würde die Meta Keywords sofort anzeigen lassen können. Bei Amazon dagegen gibt es keine Möglichkeit, die Schlüsselwörter selbst sichtbar zu machen. Allerdings kann Amazon auf Einzelanfrage (z.B. eines Mitbewerbers) diese Felder offenlegen. Die Verwendung von Fremdmarken oder Modellnamen von Konkurrenzprodukten solltest du daher hier vermeiden, da dies im schlimmsten Fall zu einer kostspieligen Abmahnung kommen kann.

Zugegeben, es ist natürlich verlockend, die nicht sichtbaren Schlüsselwörter mit bekannten Marken und Produkten nur so zuzupflastern, denn das zahlt direkt auf eine deutlich bessere Sichtbarkeit und damit auch auf den Absatz unserer Produkte ein. Sei dir aber darüber im Klaren, dass deine Konkurrenz nicht schläft und ihre Produkte genau im Auge hat. Wenn plötzlich Fremdmarken darunter auftauchen, reagieren gerade größere und/oder erfahrene Händler schnell und wenden sich an den Amazon Support. Dieser kann auf Nachfrage eines Händlers die Schlüsselwörter offenlegen – die Abmahnung wird dann nicht lange auf sich warten lassen.

Wie aber solltest du nun vorgehen, um deine Schlüsselwörter zu befüllen? Hier gibt es sicherlich verschiedene Herangehensweisen – meine ist folgende:

1) Lege dir eine Excel-Tabelle mit 5 Spalten an. Jede Spalte entspricht nachher genau einer Zeile für die Suchbegriffe und jedes Feld deiner Tabelle ist genau ein Keyword.

2) In der ersten Spalte verwendest du nur Primär-Keywords, z.B. „Pinsel", „Rundpinsel", „Malerpinsel" usw. – also Suchbegriffe, die dein Produkt direkt beschreiben.

3) In der zweiten Spalte verwendest du Sekundär-Keywords, z.B. „Schweineborsten", „Metallzwinge", „Werkzeug", „Malerzubehör" usw. – also Suchbegriffe, die dein Produkt indirekt beschreiben.

4) Die dritte Spalte nutzt du für Eigenschaften, die gut zu deinem Produkt passen, z.B. „flach", „rund", „aus Metall" usw.

5) Die vierte Spalte nutzt du für Begriffe, die gut zu deinem Produkt passen bzw. in diesem Zusammenhang wahrscheinlich auch oft gesucht werden, z.B. „Malerzubehör", „Pinselset", „Farbroller", „Farbwalze" etc.

6) Die letzte Spalte kannst du dann für weitere Ideen und verwandte

Produkte und Kategorien nutzen. Hier eignen sich auch gut Verwendungszwecke und Verben, die in deinen Bereich passen. Allerdings ist Amazon eher von transaktionalen Suchen bestimmt, d.h. Suchbegriffe, die mehr oder weniger direkt auf ein konkretes Produkt abzielen.

Du wirst schnell merken, dass man schnell an die Grenze von 250 Zeichen stößt. Daher solltest du die Meta Keywords unbedingt mit einer gewissen Sorgfalt recherchieren und befüllen.
In jedem Fall kannst du hier super Keywords einfügen, die du ein bisschen „verstecken" möchtest. Es geht dabei aber keinesfalls um Begriffe, die gar nicht zu deinem Produkt bzw. der Zielgruppe passen. Vielmehr solltest du hier in erster Linie Suchworte finden, die potentielle Käufer zu deinem Produkt direkt und indirekt auch suchen würden. Direkte Begriffe zu finden, also z.B. ähnliche Worte, Synonyme usw., ist dabei noch vergleichsweise einfach. Das Schwierige sind indirekte Suchbegriffe zu finden, die zwar dein Produkt nicht konkret beschreiben, aber dafür in den Suchfokus der potentiellen Käufer passen. Alles klar? Falls nicht, hier ein einfaches Beispiel:
Sagen wir, du verkaufst einen Hammer – also ein klassisches Werkzeug. Wer also sucht wahrscheinlich nach dem Keyword „Hammer"? Genau: Heimwerker. Und wonach suchen Heimwerker noch? Richtig: nach anderen Werkzeu-

gen wie „Rohrzange“, „Schraubenzieher“ oder „Rundfeile“. Das klingt vielleicht erst einmal abwegig, aber solche Keywords für deine Optimierung zu verwenden, folgt ein bisschen dem Cross-Selling-Ansatz. Nichts anderes macht Amazon doch ebenso: „Kunden, die diesen Artikel gekauft haben, kauften auch“ und das funktioniert bekanntermaßen sehr gut. Wer also etwas bauen oder reparieren möchte und dafür beispielsweise nach einer Rohrzange sucht, könnte sich doch vielleicht auch für deinen tollen Hammer interessieren, oder? Du solltest es aber vermeiden, jetzt mit zu viel Kreativität heranzugehen und wirklich alles Mögliche in deine Meta Keywords zu „pressen“. Verkaufst du einen Hammer, dann passen Nägel auf jeden Fall und vielleicht sogar noch Schrauben in den Suchfokus. Was wahrscheinlich nicht passt, sind Begriffe wie „Rasenmäher“ oder „Blumendünger“. Vielleicht nimmst du ja an, dass ein Heimwerker auch im Garten aktiv ist und sich daher auch umgekehrt für deinen Hammer interessiert. Vielleicht stimmt das auch, aber der Suchfokus ist ein anderer, wenn jemand nach „Blumendünger“ sucht – ein Hammer passt da in diesem Moment nicht in seine eigentliche Kaufabsicht, auch wenn der Suchende sonst heimwerklich tätig ist. Denke also bei der Recherche deiner Keywords nicht unbedingt nur an die Zielgruppe, sondern auch die tatsächliche Kaufabsicht, denn diese bestimmt den Suchfokus.

Optimierung deiner Beschreibung

Jetzt hast du deinen Titel, die Bullet Points und deine Suchbegriffe optimiert – fehlt also nur noch die Produktbeschreibung. Es gibt einige Leute, die behaupten, dass du dich überhaupt nicht um die Beschreibung kümmern musst, da sowieso kaum ein Käufer hierauf achtet. Ohne jetzt konkret einen echten Nutzertest gemacht zu haben, könnte diese These wahrscheinlich sogar stimmen – zumindest wenn ich mein eigenes Verhalten einmal analysiere. Nachdem das Produkt in meine Preisvorstellung passt und ich mir den Titel, die Bilder und Bullet Points angeschaut habe, springe ich eigentlich immer direkt zu den Bewertungen. Die Beschreibung lese ich mir in den seltensten Fällen durch. Aber warum ist das so? Die Bulletpoints geben mir bereits die wesentlichen Infos zum Produkt und beantworten mir meine Fragen schon vor dem ersten Scrollen – zumindest im Idealfall. Die Rezensionen sind eine weitere, wertvolle

Informationsquelle für mich, welche ich durch einen einfachen Klick auf die gelben Sternchen oben rechts erreiche. In diesem Moment überspringe ich praktisch die Beschreibung und nehme sie deswegen gar nicht wirklich wahr. Das ist jetzt sicherlich nur meine Sicht der Dinge, aber ich habe schon sehr oft auf Amazon Bestseller gesehen, die nur eine Zeile Text als Beschreibung ihres Produkts formuliert hatten und dennoch wurde dieses Produkt sehr oft gekauft. Das spricht also für die Theorie, dass die Beschreibung nicht wirklich wichtig ist und daher nicht großartig optimiert werden muss.
Nun könnte man diesen Absatz jetzt beenden – wie du dir aber vielleicht schon denken kannst, ist es damit nicht getan. Sowohl für das Ranking als auch für die Conversion gibt es sicherlich wichtigere Faktoren, um dein Produkt erfolgreich zu platzieren. Dennoch solltest du dir mit der Beschreibung Mühe geben und auch das Thema SEO hier nicht ganz aus den Augen verlieren. Warum, will ich dir in den nächsten 3 Absätzen erklären.

Auch wenn nur wenige potentielle Käufer eine Produktbeschreibung lesen, so wird sie dennoch wahrgenommen. Gerade bei erklärungsbedürftigen Produkten hast du in den 2.000 Zeichen (Bytes!) der Beschreibung nochmals die Chance, einen Besucher vom Kauf zu überzeugen. Während die Bullet Points eher überblicksartig und nicht zu ausufernd aufgebaut sowie formuliert sein sollten, so kannst du in der Beschreibung durchaus etwas weiter ausholen und genau erklären, warum dein Produkt genau das richtige ist.
Vermeide aber unbedingt einen einzigen Textblock, sondern gliedere deinen Text in mehrere Abschnitte und schmücke ihn mit Listen und Fettmarkierungen etwas aus, damit der Besucher sich besser orientieren kann. Wer bereits auf Amazon als normaler Marketplace Händler aktiv ist, der wird hier vielleicht stutzig werden, denn die Seller Central lässt keinerlei Formatierungen zu. Dennoch kannst du genau das erreichen, indem du dein Produkt nicht manuell über die Eingabemasken der Seller Central pflegst, sondern das Ganze mit einer sogenannten Flatfile erledigst. Dazu aber später mehr. Merke dir an dieser Stelle nur, dass ein Beschreibungstext durchaus wahrgenommen werden kann und selbst wenn es von 100 Besuchern nur 10 sind, die deinen Text lesen: Bei einer Conversion-Rate von 10% generierst du somit wiederum einen neuen Käufer.

Kommen wir nun zu einem immer wieder gern behaupteten Argument: die Produktbeschreibung spielt für das Ranking bei Amazon keine Rolle. Das ist leider total falsch und ich möchte dir auch kurz erläutern, warum. Es mag vielleicht sein, dass die Platzierung bestimmter Suchbegriffe im Titel, in den Bullet Points und Meta Keywords eine stärkere Relevanz-Wirkung haben, unbedeutend ist die Beschreibung an dieser Stelle dennoch nicht. Back to the Basics: Was ist eine solche Beschreibung auf das minimalste reduziert? Genau: Text. Und was ist Text? Richtig: Content. Und eben dieser Content wird von Amazon indexiert – sprich durchsuchbar gemacht. Das ist ein nachweisbarer Fakt und diesen kannst du sehr wohl für das Ranking nutzen.

Gerade sogenannte Longtail-Keywords, also Suchbegriffe bestehend aus mehreren Worten, kannst du sehr gut in deiner Beschreibung platzieren und diese sind dann auch über die Amazon-Suche auffindbar. Kleines Beispiel gefällig? Dann such' doch bitte bei Amazon einmal nach „Windschutzscheibe bekleben". Dann findest du dort Aufkleber mit einem Affenmotiv. Diese Suchwortkombination steht einzig und allein im Text der Beschreibung und wird dennoch so direkt indexiert. Zugegeben ist dies nun keine wahrscheinliche Eingabe eines Käufers, aber es soll dir an dieser Stelle nur einmal verdeutlichen, dass du mit einer gut aufgebauten Beschreibung durchaus mehr Reichweite und somit auch mehr Sales erzielen kannst. Denk immer daran: jeder Verkauf ist wichtig und zahlt direkt auf den Verkaufsrang und damit dein Ranking ein.

Wenn wir schon einmal beim Thema Content-Indexierung sind, dann können wir auch gleich einen Blick auf Google werfen. Jetzt fragst du dich vielleicht, ob ich mich im Thema geirrt habe – reden wir doch hier über Amazon SEO und nicht allgemeine Suchmaschinenoptimierung. Aber das eine kann auch etwas mit dem anderen zu tun haben und dir sogar zu mehr Sales verhelfen. Wie wir bereits im vorgehenden Absatz festgestellt haben, ist die Produktbeschreibung nichts anderes als Content, welcher indexiert wird. Ergänzend betrachtet ist Amazon auch nichts anderes als nur eine Website, die wiederum von Google indexiert wird. Klar, worauf ich hinaus will? Um es noch deutlicher zu sagen: in sehr vielen Fällen von Produktsuchen, welche bei Google eingegeben wer-

den, ist amazon.de auf den ersten drei Suchtreffern und nicht selten auf Platz 1 positioniert. Das bedeutet im Umkehrschluss, dass der Google Crawler dem Content auf Amazon nicht nur vertraut, sondern diesen auch sehr wertschätzt. Dieser Content ist wiederum nichts anderes als der Text, den du auf deiner Produktseite eingegeben hast und abgesehen von den Meta Keywords in der Seller Central wird wirklich alles bei Google indexiert, was an Text vorhanden ist – darunter eben auch deine Produktbeschreibung. Lässt du diese also nun aus deinen Optimierungsmaßnahmen heraus und gar gänzlich unausgefüllt, verschenkst du damit zusätzlich großes Potential, um auch bei Google mit deinem Amazon-Produkt besser gefunden zu werden. Bleiben wir bei dem Beispielprodukt aus dem letzten Abschnitt und suchen doch jetzt bitte bei Google einmal nach „durch rücksichtslose Parker behindert oder genötigt“: Amazon kommt gleich auf den ersten beiden Plätzen der Google-Suchergebnisse mit genau dieser Suchphrase, die einzig und allein in der Produktbeschreibung steht. Somit ist bewiesen, dass auch der Inhalt deines Beschreibungstextes für den Google-Crawler relevant ist und dir wertvollen Traffic liefern kann.
Du siehst also, dass entgegen oft aufgestellter Behauptungen die Produktbeschreibung sehr wohl eine gewisse Auswirkung auf die Reichweite und damit auf deinen Absatz haben kann. An dieser Stelle sei aber auch noch einmal erwähnt, dass für die reine Relevanz-Bewertung sowohl für den Amazon- als auch Google-Suchalgorithmus dieser Beschreibungstext sicherlich nicht auf der ersten Position rangiert. Dennoch ist er alles andere als unwichtig und sollte von dir mit einer gewissen Sorgfalt optimiert werden. Beachte aber bitte auch hier, dass technische Suchmaschinen immer nur Mittel zum Zweck sind. Letztendlich kaufen echte Menschen und keine Crawler-Scripte deine Produkte, daher solltest du bei allem Optimierungsdrang auch hier unbedingt auf Lesbarkeit und eine gewisse „Verkaufssprache“ achten.

Kurz und knapp zusammengefasst

Puh, das war jetzt sicherlich eine ganze Menge Input und falls du jetzt nicht mehr alles auf dem Schirm hast, was für deine Amazon-Onpage-Optimierung wichtig ist, hier noch einmal in der Mitte des Kapitels knackig zusammengefasst:

1) Amazon bewertet die Relevanz deines Contents in dieser Reihenfolge von wichtig nach weniger wichtig: Titel, Bulletpoints und Meta Keywords, Beschreibung.

2) Nutze neben verschiedenen Keyword-Tools auch deinen Verstand und deine Kreativität und überlege dir, wonach deine Zielgruppe im engeren und weiteren Sinne suchen würde.

3) Deine wichtigsten Keywords gehören in den Titel, die zweitwichtigsten in die Meta Keywords und Bulletpoints und der „Rest" in die Beschreibung.

4) Verliere bei allen Optimierungsmaßnahmen niemals den echten Menschen aus den Augen. Alles, was du im sichtbaren Bereich optimierst, muss immer noch ansprechend und verkaufsfördernd sein.

5) Vernachlässige deine Produktbeschreibung nicht. Sie kann dir sowohl auf Amazon direkt als auch über Google indirekt wertvollen Traffic liefern.

Next Level Content

Enhanced Brand Content

Noch von den wenigsten Händlern genutzt ist die Möglichkeit, seinen Produkten den sogenannten „Enhanced Brand Content“ (kurz EBC) hinzuzufügen. Wie der Name schon vermuten lässt, handelt es sich hier im weitesten Sinne um eine Art von „erweiterten“ Inhaltsbereich, welcher die „normale“ Produktbeschreibung ersetzt.

Vielleicht hast du es schon ein paar Mal bei Amazon gesehen: die Produktbeschreibung ist in verschiedene Spalten gegliedert, länger als üblich und ist mit einigen Bildern angereichert. Keine Frage: Dieser Content sieht sehr viel ansprechender aus, als ein reiner Textblock, auch wenn dieser (rudimentär) mit HTML-Tags formatiert wurde.

Wie im Screenshot zu sehen, werden hier zusätzliche Bilder mit mehrspaltigem Text angereichert und die gesamte Darstellung dadurch aufgelockert. Schaut man sich das Ganze genauer an, so erkennt man einige Layout-Fehler (Abstände z.T. zu gering, Text nicht gleichmäßig „aligned" usw.). Das liegt jedoch weniger an dem umsetzenden Händler, sondern vielmehr an den (derzeit noch) eingeschränkten Möglichkeiten der Formatierung im EBC-Editor.
Aufgebaut wird dieser Content-Bereich mit einem ganz gut bedienbaren Modul-Editor: verschiedene, vorgefertigte Layout-Bausteine werden via Drag-and-Drop zusammengestellt und dann zur Freigabe an einen Amazon-Mitarbeiter geleitet. Die Freigabe selbst dauert in der Regel ein bis drei Tage und danach wird der EBC auf der Produktdetailseite sichtbar.

Wichtig: wird der Enhanced Brand Content aktiviert, ist die Produktbeschreibung nicht mehr sichtbar. Während der normale Beschreibungstext z.T. von A9 erfasst und indexiert wird, so wird der EBC (Stand November 2017) dafür ignoriert. Zugegeben hat die Produktbeschreibung keine große Gewichtung hinsichtlich der Relevanz, aber dennoch können durch den Switch zum EBC gerade im Longtail-Bereich einige Keyword-Kombinationen „verloren" gehen.

A+ Content

Eine weitere Form, seine Produktbeschreibung „aufzupeppen" ist der A+ Content („A Plus" gesprochen). Aufbau und Erstellung dieses Inhaltsbereichs funktioniert auf eine sehr ähnliche Weise wie der EBC: Im Backend werden mittels modularem Editor verschiedene, vorgestaltete Bausteine zusammengeschoben und zur Überprüfung freigegeben.
Der A+ Content ist jedoch derzeit ausschließlich Vendoren vorbehalten und steht damit den Marketplace-Seller nicht zur Verfügung. Neben einigen zusätzlichen Modulen umfasst der A+ Content auch circa 1.000 Zeichen mehr Content und erlaubt auch Cross- und Upselling innerhalb der eigenen Produktpalette.
Auch Artikel der Mitbewerber dürfen hier vergleichend nebeneinander dargestellt werden. Das lohnt sich vor allem dann, wenn das eigene Produkt bspw. mehr Funktionen abbildet. Dennoch ist hier mit der Platzierung der

Konkurrenzprodukte Vorsicht geboten. Einerseits kann der Schuss nach hinten losgehen (z.B. wenn man potentielle Käufer erst überhaupt auf andere Produkte aufmerksam macht) und andererseits kann es auch rechtliche Folgen haben. Für letzteren Fall lohnt es sich im Zweifel im Voraus einen Anwalt zu konsolidieren.

Gerade für Händler mit vielen ähnlichen Produkten oder solchen, die gut zusammenpassen (Stichwort „Wird oft zusammen gekauft") lohnt es sich m.E. sowieso viel eher, den Nutzer in seiner eigenen Produktwelt „gefangen" zu halten, als ihn im Zweifel zur Konkurrenz zu schicken.

Während man sich beim EBC zwischen der normalen oder der erweiterten Produktbeschreibung entscheiden muss, können Vendoren mit dem A+ Content aus dem Vollen schöpfen. Bei aktiviertem A+ bleibt der normale Beschreibungstext bestehen, sodass man hier noch deutlich mehr Informationen platzieren kann. Dennoch sollte man es nicht übertreiben, denn gerade auf mobilen Geräten kann sehr viel Content zum Scrollen sogar verkaufshemmend wirken.

Speziell die Vergleichstabellen sehen auf kleinen Bildschirmen eher bescheiden aus und erfüllen ihren Zweck in der aktuellen Formatierung nicht wirklich. Auf großen Bildschirmen dagegen ist eine solch tabellarische Ansicht durchaus ganz anschaulich.

Zuverlässige Blutdruckmessung

Mit praktischen Features

Das BM 27 ist der perfekte Gesundheitsbegleiter für die Überwachung Ihrer Blutdruck- und Pulswerte zu Hause. Das große, übersichtliche Display macht ein Ablesen der Werte einfach, die Universalmanschette passt perfekt - sowohl für schlanke als auch für kräftige Oberarme, von 22 - 42 cm.

- Vollautomatische Blutdruck- und Pulsmessung am Oberarm
- Leicht ablesbares Display
- Durchschnittswert aller Messwerte
- 4 x 30 Speicherplätze
- Einstufung der Messergebnisse mit farbiger Skala
- Arrhythmie-Erkennung: erkennt und warnt bei eventuellen Herzrhythmusstörungen
- Manschetten-Sitzkontrolle
- Für Oberarmumfänge von 22 - 42 cm
- Medizinprodukt
- Datum und Uhrzeit / Abschaltautomatik
- Meldung bei Anwendungsfehler
- Automatische Druckvorwahl und Luftablass

Manschettensitzkontrolle

Zusätzlich zu den vielen praktischen Features sorgt die Manschettensitzkontrolle für mehr Sicherheit, so sehen Sie jederzeit, ob die Manschette richtig sitzt, zu locker oder zu fest ist. Ihre Arterien werden geschont und Sie erhalten zuverlässige Werte. Achten Sie einfach auf das Symbol im Display.

- Mit Aufbewahrungstasche
- Inkl. 4 x 1,5V Batterie AA
- Produktmaße (LxBxH): 112 x 110 x 53 mm
- Produktgewicht: ca. 219 g (ohne Batterien und Manschette)

Zertifiziert

Das Blutdruckmessgerät BM 27 wurde von der Europäischen Hochdruckliga geprüft und erhielt dafür das ESH-Prüfsiegel.

Manschettensitzkontrolle

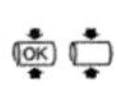

Das Symbol auf dem Display zeigt Ihnen, ob die Manschette richtig sitzt oder eventuell zu eng oder zu weit angebracht wurde. Mehr Sicherheit bei jeder Messung.

Universatzmanschette

Das BM 27 funktioniert mit einer Universalmanschette für Oberarm-Umfänge von 22 - 42 cm. Ob Sie nun schmale oder stärkere Oberarme haben, Sie brauchen keine XL-Manschette nachzukaufen.

Arrhythmie-Erkennung

Praktisches Feature für Ihre Gesundheit: bei jeder Messung erkennt das Gerät eventuelle Unregelmäßigkeiten in Ihrem Herzrhythmus und warnt Sie davor.

Richtige Anwendung am Oberarm

Viele Menschen, die Ihren Blutdruck regelmäßig zu Hause messen müssen, wundern sich über abweichende Werte. Oftmals unterscheiden sich die Messwerte zu Hause auch von denen, die beim Arzt ermittelt werden. Für die Messung zu Hause gibt es einige Regeln, die befolgt werden sollten, um Messfehler und abweichende Werte zu vermeiden:

- Messen Sie möglichst immer zu gleichen Tageszeiten

- Halten Sie min. fünf Minuten Ruhezeit vor jeder Messung ein

- Im Sitzen oder Liegen messen, Manschette auf Herzhöhe

- Während der Messung nicht bewegen oder sprechen

- Halten Sie den Arm während der Messung ruhig

- Messen Sie nicht mehrmals hintereinander um die Gefäße zu schonen

	Beurer BM 27	Beurer BM 55	Beurer BM 57	Beurer BM 85
Lithium Ionen Akku				✓
Inflation Technology			✓	✓
Ruheindikator		✓		✓
Bluetooth(R)			✓	✓
Beurer HealthManager App + Software		✓	✓	✓
Manschettensitz-kontrolle	✓			
Oberarmumfänge	22 - 42 cm	22 - 36 cm	23 - 43 cm	22 - 36 cm
XL-Manschette für Umfänge		35 - 44 cm		35 - 44 cm
Speicherplätze	3 x 40	2 x 60	2 x 60	2 x 60
Medizinprodukt	✓	✓	✓	✓

Gemeinsamkeiten & Unterschiede vom A+ und EBC

Hier noch einmal kurz zusammengefasst, worin sich die beiden „Next-Level“ Inhaltsbereiche unterscheiden und was sie gemeinsam haben:

- Content-Menge bei A+ beträgt 5.000 Zeichen bei EBC nur 4.000 Zeichen

- A+ Content gibt es nur für Vendoren, EBC nur für Marketplace-Seller

- A+ Content erlaubt Cross- und Upselling, EBC nicht

- EBC ist (noch) kostenlos (Stand November 2017), A+ Content kostet je nach Vendorvertrag zwischen einigen Hundert bis Tausend Euro pro Artikel

- Für EBC muss eine beim DPMA registrierte Marke hinterlegt sein und die Brand-Registry von Amazon durchlaufen werden, bei A+ reicht eine normale Vendorpartnerschaft

- Beide Content-Bereiche funktionieren modular und sind weitestgehend repsonsive (für mobile Endgeräte optimiert)

- A+ und EBC werden in der mobilen Ansicht vor den Bulletpoints angezeigt, werden jedoch von A9 nicht indexiert

- Amazon selbst räumt beiden erweiterten Content-Bereichen keinen großen Uplift der Conversion-Chance ein (bei EBC laut Amazon z.B. nur 5% bessere Kaufwahrscheinlichkeit). Dennoch kann es sich gerade bei komplexen Produkten lohnen, USPs und Funktionsweisen damit näher zu beschreiben.

Ein Bild sagt mehr als 1000 Worte

Steigen wir an dieser Stelle mit einem kleinen, praktischen Szenario ein. Stell dir bitte vor, dass du dir ein paar neue Schuhe kaufen möchtest. Du machst dich also auf den Weg in das nächste Fachgeschäft und siehst sofort ein Modell, das dir gefällt. Du nimmst die Schuhe in die Hand, riechst das Leder, spürst das Material und siehst die Verarbeitung. Du drehst und wendest den Schuh in alle Richtungen, betrachtest die Sohle, die Schnürsenkel und das Innenfutter und tastest jede Naht ab. Überzeugt von der Qualität, schlüpfst du zu guter Letzt in das Schuhwerk und machst die ersten Probeschritte im Geschäft auf den nächsten Spiegel zu. Dort angekommen drehst und wendest du dich, um nochmals die Schuhe an dir und in Verbindung mit deiner Lieblingshose genau zu prüfen. Gänzlich überzeugt, bezahlst du die neuen Schuhe an der Kasse und bekommst gleich noch einen Pflegehinweis gratis oben drauf. Man könnte sagen, dies war ein Einkauf mit vollem Erfolg, oder? So und nun stell dir vor, du bist nicht im Fachgeschäft, sondern sitzt am Rechner und betrachtest das gleiche Paar Schuhe auf deinem Bildschirm. Ich denke, dir ist klar, worauf ich hinaus will.

Trotz aller Bequemlichkeit und einer gefühlt unendlichen Auswahl an Produkten fehlt dem Kunden im E-Commerce das echte Produkterlebnis. Haptik, Optik ja sogar Geruch – all das funktioniert online (noch) nicht, im Einzelhandel dagegen schon. Nun will ich jedoch kein Loblied auf die lokalen Fachgeschäfte singen – geht es doch in diesem Buch um die Steigerung deines Absatzes im Online-Handel. Ich selbst bin überzeugter Online-Käufer und meide immer mehr den Gang in den Einzelhandel. Dennoch fällt mir vor allem bei Amazon auf, dass es noch zig tausende Produkte gibt, die unterirdisch dargestellt sind und damit ein riesiges Potential verschwenden, gekauft zu werden. Gerade dann, wenn ich nicht mit Haptik aufwarten kann, muss die Optik umso mehr überzeugen. Hochwertige, farbgetreue und detailreiche Produktfotos sind das A und O, um ein Produkt online gut zu verkaufen.

Eine kleine Anekdote vorab, bevor wir wiederum in die Praxis einsteigen: Ich habe einige Jahre als Art Director in einem Onlineshop für Tenniszubehör gearbeitet. Die meisten Bilder von Produkten kamen direkt vom Hersteller und bis auf wenige Ausnahmen waren diese in der Regel qualitativ sehr gut. Mit diesem Wissen bzw. Vertrauen in die Qualität der Produktfotos wurden die echten Produkte nach Anlieferung oft direkt eingelagert und nicht noch einmal mit dem Herstellerbild abgeglichen. So kam es dann dazu, dass sich bei einem Tenniskleid Retouren in kürzester Zeit häuften und natürlich haben wir uns damals gefragt, was mit der Ware nicht stimmte. Es lagen keine Materialfehler vor und auch die Konfektionsgröße war nicht unüblich oder falsch bemessen. Als wir dann aber das Foto mit der echten Ware abglichen, fiel auf, dass die Farbe um ein paar Nuancen von einem Blau in ein leichtes Lila abwich. Die Korrektur mit der Bildbearbeitungssoftware Photoshop und das anschließende Austauschen im Onlineshop dauerte nur wenige Minuten. Und siehe da: nach der Anpassung gab es so gut wie keine außerordentlichen Retouren mehr. Damit war klar, dass einzig und allein ein minimal falscher Farbton ausschlaggebend für eine erhöhte Retouren-Quote geführt hatte. Die Kunden erwarteten ein blaues Tenniskleid und bekamen stattdessen ein leicht lilafarbenes Dress. Dieser kleine, aber feine Unterschied demonstriert wunderbar, wie wichtig nicht nur detaillierte und hochauflösende, sondern eben auch farblich korrekte Bilder sind.

Amazon Richtlinie für Bilder

Bevor du deine Produktfotos zu Amazon hochlädst, solltest du dir diesen Abschnitt einmal genauer anschauen, denn es gibt konkrete Richtlinien, wie ein Artikelbild auszusehen hat und daran solltest du dich auch halten. Amazon ist gerade auf Grund der hohen Anzahl an Marketplace-Händlern um Einheitlichkeit bemüht und hat zu diesem Zweck ein kleines Regelwerk aufgesetzt, um eine einheitliche Optik zu gewährleisten. Zugegebenermaßen funktioniert das nur theoretisch, denn tausende von Produkten weichen zum Teil stark von den Richtlinien ab. Es liegt natürlich bei dir, ob du dich daran hältst, denn eine echte Kontrolle gibt es nicht wirklich. Dennoch kann es passieren, dass Amazon bestimmte Bilder, welche nicht ihren Richtlinien entsprechen, löscht und es gibt noch einen weiteren Grund, warum du dich daran halten solltest. Das Stichwort hier lautet „Best Practice“. Mit zig Millionen von Sales jedes Jahr weiß Amazon ziemlich genau, was gut konvertiert und was nicht. Amazon hat größtes Interesse daran, möglichst viele Produkte zu verkaufen, denn an jedem einzelnen Artikel verdienen sie mit. Daher kannst du davon ausgehen, dass die Richtlinien für Produktfotos keinesfalls zu weniger, sondern eher zu mehr Verkäufen führen. Daher lautet mein Rat an dich: unbedingt daran halten. Natürlich kann es hier und da mal eine kleine Abweichung geben und das ist auch kein Problem. Dennoch solltest du die Basics einhalten, wenn du erfolgreich auf Amazon verkaufen möchtest.

Nun aber konkret: Was musst du beachten?

1) Ein Produktfoto sollte immer komplett freigestellt sein, das heißt vor einem rein weißen Hintergrund hochgeladen werden. Auch großflächige Schlagschatten (ob natürlich oder künstlich in der Bildbearbeitung generiert) solltest du vermeiden.

2) Vermeide auch zusätzlichen Text, den du nachträglich in das Bild retuschierst. Ausnahmen bestätigen auch hier die Regel, denn manchmal kann ein dezenter Texthinweis sogar verkaufsfördernd sein. Sei dir aber dennoch darüber bewusst, dass es gegen die Richtlinien von Amazon ist.

3) Bild in Bild ist nicht erlaubt, d.h. Bildausschnitte, welche zusätzlich integriert wurden (z.B. das Produkt aus einer anderen Perspektive), solltest du nicht einbauen. Dies gilt auch für mehrere Ansichten des gleichen Produkts (z.B. Vorder- und Rückseite) auf dem gleichen Bild.

4) Vermeide einen Zeichnungsverlust bei deinen Fotos. Dieser entsteht z.B. durch eine zu starke Beleuchtung, wodurch helle Flächen deines Artikels sich kaum noch vom weißen Hintergrund abheben.

5) Achte auf eine professionelle Qualität mit einheitlichen Farben, keine Blitzreflektionen und zu starken oder schwachen Kontraste.

6) Wasserzeichen gehören nicht auf deine Produktfotos.

7) Das Foto muss immer das eigentliche Produkt und darf nicht nur die Verpackung zeigen, auch wenn diese optisch ansprechend ist. Es muss das zu sehen sein, was man auch wirklich kauft. Dies gilt auch für Zubehör, dass du nicht konkret verkaufst – solches solltest du nicht auf dem Produktfoto zeigen, da dies falsche Erwartungen weckt und zu hohen Retouren führen kann.

8) Das eigentliche Motiv muss mindestens 85% der Fläche einnehmen. Vermeide daher zu viel unnötigen Weißraum, der dein Produkt umgibt.

9) Verwende keine Platzhalter, wenn du noch kein Foto für dein Produkt angefertigt hat. Amazon zeigt in diesem Fall ein eigenes Dummy-Bild an. Grundsätzlich solltest du jedoch nur dann ein Produkt bei Amazon aktiv schalten, wenn mindestens ein Foto des Artikels vorhanden ist.

Neben einem Hauptbild kannst du mehrere Nebenbilder bei Amazon hochladen. Nutze diese Chance unbedingt, um dein Produkt so gut es geht zu präsentieren, denn mit jeder zusätzlichen Ansicht steigen die Chancen auf einen Verkauf. Auch wenn dies noch nicht hundertprozentig nachweisbar ist, so kann man doch davon ausgehen, dass Amazon ein Produkt mit mehreren Bildern bevorzugt, was sich wiederum auf das Ranking auswirken kann. Du machst in jedem Fall nichts falsch, wenn du mindesten 5-6 Produktfotos hochlädst – im besten Fall sogar die maximal Anzahl von 8 Bildern ausnutzt.

Mehr Pixel, mehr gut!

Kennst du das auch? Da suchst du auf Amazon nach einem bestimmten Produkt und findest endlich einen Artikel, der ins Raster passt. Auf der Produktdetailseite angekommen, musst du dann feststellen, dass die Zoom-Funktion für das Bild nicht verfügbar ist und somit kaum Details erkennbar sind. Dieser Umstand liegt schlicht an der Tatsache, dass der Händler das Produktfoto in einer zu kleinen Auflösung hochgeladen hat. Amazon empfiehlt hier direkt in der Seller Central eine Minimalauflösung von 1.000 x 1.000 Pixeln – mindestens jedoch sollte dein Produktbild eine Kantenlänge von 500 Pixeln aufweisen. Erst ab 1.000 Pixeln jedoch wird die Zoom-Funktion für das Bild aktiviert, sodass ein möglicher Käufer sich deinen Artikel nähern anschauen kann. Die maximale Bildauflösung bei Amazon beträgt 1.500 Pixel. Sollte dein Bild also noch höher aufgelöst sein, wird es beim Upload automatisch verkleinert. Als Formate stehen dir hier JPEG/JPG, TIFF und GIF-Dateien zur Verfügung. Wenn du Drittartikel verkaufst und dein Bildmaterial direkt von einem Hersteller kommt, dann solltest du in jedem Fall darauf achten, dass die Bilder immer so groß sind, dass die Zoomfunktion aktiviert wird. In der Regel verfügen die Hersteller über ein ausreichend gut aufgelöstes Bildformat, stellen aber nicht selten den Händlern nur das kleinere Format zur Verfügung. Du solltest daher unbedingt bei deinem Hersteller anfragen und die High-Res Bilder anfordern. Es kann sich bei einigen Produkten auch durchaus lohnen, trotz des Bildmaterials vom Hersteller, eigene Bilder anzufertigen. Denk' daran: was du mit Haptik nicht kannst, musst du mit Optik umso besser hinbekommen. Liefert der Hersteller beispielsweise nur ein kleines Produktfoto von der Rückseite deines Artikels, so lohnt es sich eventuell in eine bessere Produktdarstellung zu investieren.

Tipps für bessere Produktbilder

Software-Tipp

Wenn du deine Bildbearbeitung selbst vornimmst, dann empfehle ich dir unbedingt die Arbeit mit einem professionellen Bildbearbeitungsprogramm wie Adobe Photoshop. Ich selbst arbeite schon seit über 15 Jahren mit diesem Tool und durch die Adobe Creative Cloud ist die Software über ein Monats-Abo auch gut bezahlbar. Hier findest du den Link zur Software:
http://www.adobe.com/de/products/photoshop.html

Es geht auch kostenlos, denn mit dem Freeware-Pendant „Gimp" kannst du im Prinzip alle Basics der Bildbearbeitung genauso vornehmen und musst für das Programm selbst nichts bezahlen. Hier kannst du dir dieses Tool herunterladen:
https://www.gimp.org/downloads/

Tipp zur Bildvergrößerung

Manchmal kannst du auch ein bisschen tricksen, um die Zoom-Funktion von Amazon zu aktiveren, auch wenn dein Produktbild nicht die geforderten 1.000 x 1.000 Pixel Mindestauflösung mitbringt. Angenommen, du hast ein Foto mit einer Auflösung von nur 900 x 900 Pixeln, dann kannst du mit Photoshop einen umlaufenden weißen Rahmen von 50 Pixeln hinzufügen und kommst damit automatisch auf die 1.000 Pixel Kantenlänge. Rufe dazu über das Hauptmenü „Bild" und dort die Funktion „Arbeitsfläche" auf. Aktiviere dann den Haken bei „relativ" und gib bei Breite und Höhe 50 Pixel ein. Nach dem Bestätigen auf „OK" erweitert sich das Foto um einen weißen Rahmen und erfüllt damit die Mindestanforderung für die Aktivierung der Zoomfunktion. Achte aber unbedingt darauf, dass dein eigentliches Produkt immer noch 85% der Bildfläche einnimmt und nicht zu viel Weißraum vorhanden ist.

Eine andere Möglichkeit findest du im gleichen Hauptmenüpunkt unter der Funktion „Bildgröße". Hiermit änderst du die absolute Auflösung deines Motivs und vergrößerst das Bild künstlich. Voraussetzung hierfür allerdings ist, dass das Bild über eine ordentliche Grundauflösung verfügt. Du kannst beispielsweise nicht ein Foto mit einer Auflösung von 400 px auf 1.000 px vergrößern, ohne dass ein deutlicher Qualitätsverlust sichtbar wird, denn Photoshop kann keine Detailinformationen in ein Bild bringen, welche nicht von Anfang an vorhanden sind. Wenn du aber ein Bild mit einer Größe von 900 x 900 Pixeln hast, dann ist diese Funktion wirklich gut und es fällt selbst einem Profi kaum auf, dass hier das Bild künstlich vergrößert wurde. Klicke dazu auf „Bild > Bildgröße" aktiviere das Feld „Neu berechnen" und wähle daneben im Dropdown-Feld „Details erhalten (Vergrößerung)" aus. Photoshop verdoppelt damit benachbarte Pixel in deinem Foto auf eine intelligente Art, sodass kaum ein Qualitätsunterschied zu sehen ist. Würdest du das Bild einfach nur so vergrößern, dann wird es in der Regel unscharf und sieht nicht mehr besonders toll aus.

Tipp für kräftigere Farben & mehr Kontraste

Nicht nur die Auflösung ist entscheidend für die Bildqualität. Vielmehr sind es die Farben und Kontraste, die ein Bild lebendig und attraktiv machen. Speziell dann, wenn man die Fotos selbst geschossen hat und nicht gerade über eine absolute Profiausrüstung und viel Erfahrung in Sachen Produktfotografie verfügt, kann es schnell dazu kommen, dass im Bild ein leichter Farbstich (bedingt durch das Umgebungslicht, den Hintergrund oder die Raumfarbe) zu sehen ist und/oder die Kontraste etwas blass und matt wirken.

Wenn du an dieser Stelle noch nicht viel Erfahrung mit Photoshop oder Bildbearbeitung im Allgemeinen hast, dann kannst du über das Hauptmenü unter „Bild" die Funktionen „Auto-Farbton", „Auto-Kontrast" und „Auto-Farbe" Photoshop die Optimierungsarbeit übernehmen lassen. Auch als Laie bekommst du auf diese Weise in der Regel ganz ordentliche Ergebnisse. Im gleichen Menüpunkt findest du unter „Korrekturen" auch noch viele weitere Möglichkeiten, eine manuelle Anpassung vorzunehmen. Spiele hier einfach einmal ein bisschen mit den Funktionen herum – du wirst dich wundern, was du alles aus deinem Bild herausholen kannst. Aber Vorsicht: übertreibe es nicht mit den Farben und Kontrasten. Am Ende muss das Foto immer noch dem eigentlichen Produkt entsprechen und sollte nicht übertrieben bunt oder kontrastreich sein. Andernfalls riskierst du eine erhöhte Retourenquote, was sich wiederum negativ auf deine Händler-Performance und damit auch deine Rankings auswirkt.

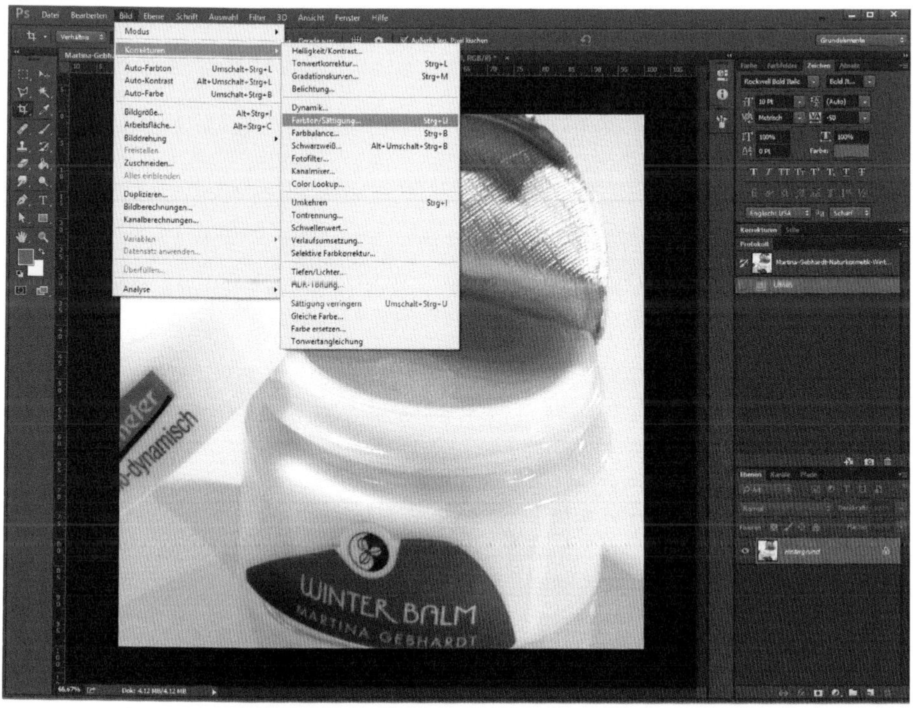

Kurz und knapp zusammengefasst

Da dieses Kapitel ziemlich umfangreich ist, hier noch einmal eine zweite Zusammenfassung, damit du alle wichtigen Fakten immer im Blick hast. Neben deinem textlichen Content und den richtigen Keywords sorgen vor allem die Bilder für Conversions. Folgendes solltest du dabei beachten:

1) Deine Bilder sollten mindestens 1.000 x 1.000 Pixel (idealerweise 1.500 x 1.500 Pixel) aufgelöst sein, damit die Zoom-Funktion von Amazon aktiviert wird.

2) Mindestens 85% der Bildfläche sollten mit dem eigentlichen Artikelmotiv gefüllt sein.

3) Achte unbedingt auf die richtigen (originalen) Farben und Kontraste, um Retouren zu vermeiden.

4) Fehlt dir Equipment, Software und/oder Know-How, um die Produktfotos selbst zu produzieren, investiere lieber in einen Fotografen.

5) Präsentiere dein Produkt mit den Fotos so, dass du es selbst kaufen würdest. Denk' daran: du musst die fehlende Haptik mit einer erstklassigen und detaillierten Optik kompensieren.

Performance-Faktoren

Nun hast du sehr viel zum Thema Relevanz und bessere Produktdarstellung erfahren. Wenn ich dir aber jetzt sage, dass das nicht einmal die halbe Miete war, dann bist du hoffentlich nicht allzu enttäuscht und arbeitest dich trotzdem noch motiviert durch die weiteren Kapitel dieses Buches, denn nun erkläre ich dir, wie wichtig die Performance auf Amazon ist. Jedoch bedingen beide Faktoren (Relevanz & Performance) einander. Auf der einen Seite sorgst du dafür, dass dein Produkt überhaupt bei Amazon gefunden wird und auf der anderen Seite erhöhst du dann massiv die Sichtbarkeit durch eine gute Händler- und Verkaufs-Performance. Bedenke: Amazon will Geld verdienen und kann dies natürlich umso besser, je mehr Produkte verkauft werden. Noch einmal zur Erinnerung: der Marketplace verdient an jedem einzelnen Produkt von Händlern über eine Verkaufsprovision (je nach Kategorie zwischen 7 und 50%) kräftig mit. Daher hat Amazon größtes Interesse daran, gut gehende Produkte weit oben im Ranking zu listen und Artikel, welche sich nicht so toll verkaufen, eher im „Keller zu verstecken".

Die Qual der Wahl – finde die passende Kategorie.

Kommen wir zur Grundlage, die entscheidend für deinen Erfolg auf Amazon ist. Die richtige Produktkategorie beachten die allerwenigsten Händler, da sie stumpf ihre Artikel katalogartig irgendeiner Kategorie zuordnen, ohne diese vorher genau zu prüfen. Aber warum ist das so wichtig und worauf solltest du achten?

Es gibt einen sehr wichtigen und kriegsentscheidenden Erfolgsfaktor in Sachen Performance: den Verkaufsrang bzw. Bestseller-Rang. Umso besser dein Rang, desto prominenter wird Amazon deine Produkte in den Suchergebnissen anzeigen. Das Tolle ist: der Verkaufsrang ist für jedes einzelne Produkt sichtbar. Rufe dir dazu einmal einen beliebigen Artikel auf Amazon auf und scrolle ein wenig herunter. Im Abschnitt „Produktinformationen" unterhalb der Cross-Selling-Angebote und überhaupt der Produktbeschreibung findest du einige Infos zum Artikel selbst. Neben der ASIN ist hier immer auch gelistet, in welcher Kategorie sich dieses Produkt befindet und welchen Rang es dort hat. Desto kleiner diese Zahl ist, desto besser der Rang.

In der Regel stehen hier immer mindestens zwei Einträge: die Haupt- und die Nebenkategorie. Wenn du links oben auf der Amazon-Website auf „Alle Kategorien“ klickst, dann wird dir der Kategoriebaum angezeigt und du kannst dir einen guten Überblick verschaffen, wo dein Produkt am besten reinpassen würde. Kaum ein Kunde wird diese Art der Navigation nutzen, um einen Artikel auf Amazon zu finden – die meisten nutzen dafür einfach nur die Textsuche. Dennoch ist die passende Kategorisierung enorm wichtig und kann dir dabei helfen, innerhalb weniger Tage zum Bestseller zu werden. Damit das besser verständlich ist, erkläre ich es dir wieder an einem kleinen Praxisbeispiel. Angenommen, du verkaufst einen Sitzsack und möchtest gern zu diesem Keyword auch gut auf Amazon gefunden werden. Dann ist es natürlich einerseits wichtig, dass du deine Optimierungshausaufgabe gründlich, wie im letzten Kapitel beschrieben, erledigst. Danach musst du dich für eine passende Kategorie auf Amazon entscheiden. Grundsätzlich gehört dein Sitzsack erst einmal in die Oberkategorie „Küche & Haushalt“. Dort könntest du z.B. die Unterkategorie „Wohnen & Lifestyle > Möbel > Sitzsäcke“ auswählen. Das klingt erst einmal plausibel und sinnvoll. Dennoch wäre diese Kategorie keine besonders gute Wahl, denn hier tummeln sich einige Artikel, welche erstens schon gut optimiert wurden und zweitens bereits viele Bewertungen eingesammelt haben. Wenn du davon ausgehst, dass auf 100 Verkäufen eine positive Bewertung zustande kommt, dann kannst du dir ganz grob ausrechnen, wie oft ein Produkt mit 400 positiven Rezensionen verkauft wurde. In genau dieser Kategorie befinden sich gleich mehrere Artikel auf der ersten Seite, die über genauso viele Kundenbewertungen verfügen. Hier wirst du es verdammt schwer haben, mit einem neuen Artikel an die Spitze dieser Unterkategorie zu kommen, denn genau das muss dein Ziel sein: Bestseller in einer Produktkategorie.

Jetzt schau‘ dir doch bitte einmal folgende Unterkategorie im Vergleich an: „Küche & Haushalt > Wohnen & Lifestyle > Möbel > Gartenmöbel & Zubehör > Sessel, Stühle & Strandkörbe > Sitzsäcke“. Fällt dir etwas auf? Hier gibt es auf der ersten Seite (Stand November 2017) nicht einen Artikel, der über 100

Bewertungen zählt. Viele der Produkte haben sogar gar keine Bewertungen und sind zudem auch noch nicht besonders gut optimiert. Das ist DIE Chance für deinen Sitzsack. Ordentlich optimiert, einige Male verkauft und mit einigen positiven Bewertungen wirst du hier sehr viel schneller nach vorne kommen. Dies ist natürlich nur ein Beispiel, welches aber stellvertretend für alle Produktsortierungen steht. Achte bei der Auswahl deiner Kategorie auf folgende Punkte:

1) Nur die erste Seite ist interessant – hier musst du dein Produkt mittelfristig platzieren.

2) Wenige (einstellige) oder gar keine Bewertungen der dort gelisteten Artikel sind von Vorteil.

3) Die gelisteten Artikel sind schlecht optimiert (Titel und Bullet Points sehr kurz, Beschreibung kurz oder nicht vorhanden, wenige gute Bilder)

Es geht schlicht darum, in einer bestimmten Kategorie an die Spitze zu kommen und damit zum „Bestseller Nr.1" zu werden und sich dieses kleine Icon zu ergattern. Damit zeigst du auch anderen potentiellen Käufern, dass du ein beliebtes Produkt anbietest, das offenbar bereits vielen anderen Kunden auch schon gefallen hat – und schon verkauft sich dein Sitzsack noch besser und steigt weiter im Ranking auf.

Aber Vorsicht: du solltest dein Produkt natürlich unbedingt in einer Kategorie verorten, die auch wirklich passt. Einen Sitzsack im Bereich Elektronikartikel einzusortieren, bloß weil dort die Konkurrenz niedrig ist, wäre eine schlechte Idee. Amazon wird dies sowieso korrigieren und dich bei wiederholter Falschsortierung vielleicht sogar sperren. Daher wähle deine Kategorie mit Bedacht aus und nimm nicht die Erstbeste, die du findest.
Beachte auch: Der Bestseller-Badge ist nicht alles. Er steigert sicherlich die Aufmerksamkeit in den Suchergebnissen und kann durchaus für mehr Traffic sorgen, ist aber kein Allheilmittel per se. Nur um ein solches Icon zu ergattern und dafür eine unpassende Kategorie auszuwählen kann fatale Folgen haben:

Einerseits ranken bestimmte Keywords in der organischen Suche einfach nicht und/oder deine Anzeige-Kampagnen werden nicht oder nur mäßig geschalten. Beides hat mit der Suchbegriffsrelevanz zu tun, die hinter jeder Kategorie und Unterkategorie steckt. Achte also immer auf eine saubere Zuweisung von Produkt und Browse-Node (Amazon-Kategorie).
Nutze dafür ruhig auch einmal die Auto-Suggest-Funktion von Amazon: oftmals werden unterhalb des obersten Keywords in den Vorschläge eine oder mehrere Produktkategorien angezeigt. Hier kannst und solltest du dich ebenfalls einordnen.

Sales, Sales, Sales!

Einmal in der richtigen Kategorie einsortiert und auf die richtigen Keywords optimiert, geht es jetzt vor allem um eins: verkaufen! Normalerweise gehe ich immer sehr sparsam mit Ausrufungszeichen um, aber an dieser Stelle könnte ich gleich drei davon setzen. Die Anzahl verkaufter Artikel bestimmt auf Amazon tatsächlich das Ranking und damit deine Sichtbarkeit. Und ist dein Artikel in den Suchergebnissen bei Amazon sichtbarer, werden es noch mehr kaufen, was zu noch besseren Rankings führt und so weiter – ein Teufelskreis im positiven Sinne. Daher lautet dein Ziel an dieser Stelle, alles nur erdenklich Mögliche zu unternehmen, um den Absatz deines Artikels zu maximieren.

Es gibt verschiedene Optionen, die dir dabei zur Verfügung stehen:

1) Preis drastisch reduzieren
Bevor du jetzt mit Schnappatmung dieses Buch wütend zuschlägst, sei noch schnell angemerkt, dass dies nur ein kurzfristiges Mittel zum Zweck ist. Es geht hier schlicht darum, dem Käufer ein echtes Schnäppchen anzubieten, an dem er einfach nicht vorbeikommt. Bietest du beispielsweise einen Artikel im Normalfall für 19,90 Euro an, dann reduziere jetzt den Verkaufspreis auf 9,90 Euro. Dadurch entsteht auf Amazon ein Durchstreichpreis und es wird gleich daneben die prozentuale Ersparnis angezeigt. Enorme Preisnachlässe sind ein gut funktionierendes psychologisches Mittel, um die Menschen zum Kauf zu animieren. Nichts anderes passiert doch tagtäglich überall in jedem Super-

markt. Sobald die Käufer sehen, dass sie ein Schnäppchen machen können, schlagen sie zu und ihr Gehirn belohnt sie mit Glücksgefühlen. Reduzierst du deinen Preis allerdings zu stark, kann das schnell die gegenteilige Wirkung erzielen. Ein zu großer Rabatt sorgt eher für Skepsis, es sei denn, du erklärst es richtig (z.B. „Super Einführungspreis", „Räumungsverkauf" etc.).
Beachte: zu starke Preisschwankungen können Amazon misstrauisch machen. Das führt dazu, dass du auch als einziger Anbieter deines Produkts die BuyBox verlierst und der Nutzer erst über „1 neu" unterhalb des Preises klicken und dann den Artikel in den Warenkorb legen kann – pures Gift für die Conversion. In den meisten Fällen verliert man die BuyBox, wenn man den Preis zu schnell zu stark anhebt. Taktisch klüger ist es, den Verkaufspreis sukzessive nach oben zu setzen. Hier kann ein Repricing-Tool wie SellerLogic helfen. Auch Amazon selbst bietet mittlerweile einen Repricer in der SellerCentral an. Nach ersten Tests funktioniert diese automatische Preisanpassung allerdings nicht ansatzweise so gut, wie es ein externes Tool kann.

Beachte auch: Streichpreise können abgemahnt werden. Bietest du dein Produkt bspw. zu einem Preis von 19,90 EUR an und fügst einen gekünstelten UVP von 29,90 EUR hinzu, dann sieht das für den Kunden vielleicht gut aus, kann aber für dich teuer werden. Es gibt hier viele konkrete Fälle, wo Händler mit sogenannten „Mondpreisen" abgemahnt wurden. Grund: Die Streichpreise wurden nie wirklich verlangt – sie sind also praktische eine Art Täuschung. Bevor du also wild Preisnachlässe einrichtest, solltest du ggfs. genau prüfen, ob das wettbewerbsrechtlich in Ordnung ist. Hier findest du weitere Informationen, wie mit Streichpreisen umzugehen ist:
http://www.it-recht-kanzlei.de/werbung-streichpreise.html

2) Künstliche Verknappung

Wer aus dem Handel und speziell aus dem E-Commerce kommt, der kennt dieses hocheffektive Druckmittel sehr gut. In Kombination mit einem starken Preisnachlass zwingt eine künstliche Verknappung die Menschen regelrecht zum Kaufen. So kannst du auf Amazon zum Beispiel deinen Lagerbestand bewusst deutlich nach unten reduzieren, was Amazon dann unterhalb des Preises sehr prominent anzeigt „Nur noch XX verfügbar". Der Besucher bekommt dann das Gefühl, dass er hier eine echte Chance verpasst, wenn er sich nicht gleich diesen tollen Rabatt sichert. Du solltest nur aufpassen, dass dein korrigierter Lagerbestand nicht auf Null läuft, denn wenn du „out of stock" bist, ist das ein schlechtes Signal für Amazon, was wiederum deinem Ranking schaden kann. Insofern behalte immer deinen Lagerbestand im Auge und korrigiere regelmäßig die noch zur Verfügung stehenden Artikel. In der Regel kauft der gleiche Kunde nicht ein zweites und drittes Mal bei dir ein, insofern sieht es dann für jeden (neuen) Besucher so aus, als müsste er jetzt sofort zuschlagen. Zugegeben, dass bedarf ein wenig mehr Arbeit und Kontrolle. Es kann sich aber sehr positiv auf deine Verkaufszahlen und damit direkt auf deine Rankings auswirken.

3) Rabatt-Aktionen

Eine Rabatt-Aktion mittels Gutschein-Code ist nicht zu verwechseln mit einem grundsätzlichen Preisnachlass. Während letzteres auf die Besucher abzielt, welche dein Produkt zufällig entdecken, so ist eine Aktion mit einem fest definierten Rabatt-Code genauer steuerbar. Wie du eine solche Kampagne aufsetzt, klären wir an einer späteren Stelle in diesem Buch. An dieser Stelle sei nur der Hinweis gegeben, dass du mit einem allgemeingültigen Gutschein-Code sehr vorsichtig sein musst. Wird dieser irgendwo veröffentlicht und es bestellen auf einen Schlag mehrere hundert Kunden damit deinen Artikel, kann dein Lagerbestand schnell leer geräumt werden.

Auch die Konkurrenz könnte das genau auf diese Weise ausnutzen und später die gesamte Ware wieder retournieren oder Stornierungen von dir provozieren. Das habe ich bereits selbst erlebt und kann nur empfehlen, eine solche Situation zu vermeiden. Entweder generierst du Einmal-Codes oder du reduzierst vor einer Rabattaktion mit einem allgemeingültigen Gutschein-Code deinen Lagerbestand drastisch (ähnlich wie bei der Strategie „künstliche Verknappung"). Letzteres funktioniert natürlich nur, wenn du die Waren selbst verschickst. Nimmst du am FBA-Programm teil und Amazon verschickt deine Produkte, so kannst du keinen Warenbestand ändern.

4) Bezahlte Reichweite
Hier gibt es gleich mehrere Möglichkeiten, um noch mehr Traffic auf dein Angebot bei Amazon zu kommen. Einerseits gibt es die hauseigene Werbeplattform des Marketplace, die sogenannten PPC-Kampagnen. Die Abkürzung steht für „Pay Per Click", also ein bekanntes Abrechnungsmodell, das bereits von den Google Adwords bekannt ist. Und das wäre auch gleich die zweite Methode, um schnell viel Traffic generieren zu können. Gerade allerdings die Werbeanzeigen von Google sind in den letzten Jahren in vielen Bereichen enorm teuer geworden, sodass hier schnell Preise von mehreren Euros für jeden einzelnen Klick bezahlt werden müssen.
Die PPC-Kampagnen von Amazon sind dagegen deutlich günstiger und effektiver – hier bezahlst du in der Regel zwischen 0,10 bis 0,45 Cent pro Klick und der potentielle Kunde ist bereits auf der richtigen Website. Abhängig von Kategorie und Produkt und der damit verbundenen Konkurrenz-Situation können die Klickpreise bei Amazon auch deutlich teurer sein.
Dennoch kann Google Adwords für dich eine Option sein, wenn du z.B. Longtail-Keywords wie „Topflappen Set 4 teilig" einbuchst, dann musst du auch bei Google nur wenige Cents pro Klick bezahlen. Findest du davon gleich mehrere Suchwort-Kombinationen, dann kann Google eine sehr wertvolle Traffic-Quelle für dein Amazon-Produkt werden. Noch wieder eine andere Methode sind Facebook-Anzeigen, die durchaus sehr gut funktionieren können. Hier lassen sich Nutzer aufgrund ihres persönlichen Profils sehr gezielt definieren und genau ansprechen. Auch auf diese Werbeform gehe ich später noch einmal genauer ein.

5) Das „echte" soziale Netzwerk aktivieren
An was denkst du, wenn du „soziales Netzwerk" hörst? Bestimmt an Facebook oder? Aber ein soziales Netzwerk hast auch du auch im echten Leben: Freunde, Familie, Bekannte, Arbeitskollegen und so weiter. Wenn du ein neues Produkt bei Amazon launchen bzw. ein bereits Vorhandenes pushen willst, solltest du in verschiedenen Richtungen Gas geben. Das Optimieren des Contents ist nur die halbe Miete. Nutze jetzt unbedingt dein soziales Netzwerk, um dein Produkt zu pushen. Gutschein-Codes sind schnell über die SellerCentral generiert und genauso schnell auch an deine Kontakte verteilt. Dein soziales Netzwerk kann

dann damit deine Produkte günstiger kaufen, denn jetzt geht es nur darum, dass du mehr Sales generierst. Damit wir uns aber nicht falsch verstehen: ich möchte dich nicht dazu auffordern, dass du nur „Fake"-Verkäufe generierst und Amazon damit vortäuschst, dass sich dein Artikel gut an den Mann und die Frau bringen lässt. Wenn ein Artikel verkauft wird, solltest du ihn auch wirklich ausliefern. Den Versand kannst du dir im eigenen sozialen Netzwerk vielleicht noch sparen, aber gekaufte Ware sollte auch tatsächlich den Besitzer wechseln. Natürlich liegt es an dir, wie ehrlich du hier auftrittst, aber ich kann dir nur empfehlen, immer sauber zu agieren und dich an die Spielregeln von Amazon zu halten. Dazu gehört eben auch, dass ein Verkauf nicht nur zum Schein stattfindet, nur weil es deine Freunde und Bekannten sind. Aktiviere einfach jeden Kontakt, den du findest und animiere deine Leute dazu, dein Produkt über Amazon zu kaufen. Liefere die Ware auch tatsächlich aus und bitte dein Netzwerk danach auch um eine ehrliche Bewertung. So generierst du nicht nur mehr Sales, sondern auch gleich noch einige Rezensionen und machst damit dein Produkt attraktiver für potentielle neue Käufer.
Bestimmt fallen dir noch mehr Möglichkeiten ein, wie du mehr Sales generieren kannst – diese vier Punkte werden dir aber in jedem Fall schon helfen. Denk' immer daran: es geht hier einzig um allein darum, dein Produkt zu pushen. Unternimm alles dafür, um die Verkäufe anzukurbeln, denn damit werden sich auch die Rankings verbessern und schon kann der positive Teufelskreis beginnen: mehr Sales = bessere Sichtbarkeit = mehr Sales usw.
Sei nicht zu knauserig und betrachte diese Phase als Investition deines Produktes. Rabatt-Aktionen und bezahlte Klick-Kampagnen sind ein probates Mittel, um den Absatz zu steigern. Befeuere dein Produkt solange, bis sich die organischen Rankings auf ein ordentliches Niveau bewegt haben, denn dann kommen die Verkäufe von alleine und du kannst einige Werbemaßnahmen zurückfahren und Geld verdienen.

Der Faktor Preis – billig ist nicht immer gut

Der Preis ist mehr als nur eine Aufrechnung von Kosten – der Preis eines Produktes sagt auch etwas über die Ware als solche aus. Kunden kaufen mit einer gewissen Erwartungshaltung ein und dazu gehört eben auch das Budget, was sie für einen bestimmten Artikel einplanen. Das trifft gerade bei Produkten zu, die bekannt bzw. einfach vergleichbar sind. Ein Beispiel: will ich mir eine neue Zahnbürste kaufen, dann rechne ich wahrscheinlich mit einem Preis von 1 bis 4 Euro. Würde nun ein bestimmtes Modell 10 Euro kosten, fällt es derart aus meiner Preisvorstellung, dass ich es wahrscheinlich nicht kaufen würde. Was aber, wenn nun die Zahnbürste nur 30 Cent oder sogar noch weniger kosten würde? Das kann letztendlich den gleichen Effekt haben wie ein zu hoch angesetzter Preis. Zu günstige Artikel können schnell als billig und nicht wertig empfunden werden und da machen auch Käufer bei Amazon keinen Unterschied.

Zeitlich begrenzte und zum Teil auch sehr drastische Rabatt-Aktionen sind allerdings von einem „zu billigen" Preis ausgeschlossen, wenn man diese nur richtig deklariert bzw. bewirbt. Startet man auf Amazon beispielsweise den Verkauf eines neuen Produktes, das regulär für 30 Euro verkauft wird, kann man hier durchaus einen Einführungspreis von 10 oder 15 Euro anbieten und dies auch offensiv im Titel und den Bullet Points bewerben. Denkbar sind auch bekannte Rabattgründe wie WSV (Winterschlussverkauf) oder SSV (Sommerschlussverkauf), mit denen man einen sehr starken Preisnachlass für den Kunden schnell plausibel machen kann und ihm nicht ein „zu billig" Gefühl gibt. Dieses würde nur dann entstehen, wenn den Artikel ohne erkennbaren Grund sehr stark im Preis reduziert ist – Käufer, speziell Onlineshopper, brauchen für alles einen nachvollziehbaren Grund. Im Ladengeschäft könnte noch ein echter Verkäufer aus Fleisch und Blut etwaige Bedenken aus dem Weg räumen. Im Onlinehandel gibt es so eine direkte Möglichkeit und Chance für den Verkäufer nicht und insbesondere gilt das für Amazon.
Wie aber kommst du nun auf einen angemessenen Preis für dein Produkt, wenn es sich nicht gerade um eine große Marke und ein bekanntes Modell handelt? Auch hier möchte ich dir ein paar strategische Ideen mit auf den Weg geben, welche dir bei der Preisfindung helfen können:

1) Amazon-Konkurrenz-Vergleich
Der erste Ansatz sind für dich natürlich Mitbewerber, welche ein ähnliches oder zumindest verwandtes Produkt verkaufen. Ein Blick in die Kategorie auf

Amazon, in der auch dein Artikel einsortiert ist (bzw. wo du ihn einordnen willst), gibt dir erst einmal ein ungefähres Preisgefühl. Du solltest aber deine Recherche wie ein potentieller Käufer durchführen – also nicht nur über die Kategoriebäume, sondern eben auch potentielle Suchbegriffe eingeben und einmal überblicksartig analysieren, wer was zu welchem Preis anbietet. Jene Artikel auf Amazon, die dann viele und aktuelle, verifizierte Bewertungen (Kennzeichnung direkt bei der Rezension) haben und in der Suche weiter oben auftauchen, werden offensichtlich oft gekauft. Der logische Schluss daraus: der Preis dieses Produktes wird von den Käufern offenbar akzeptiert.

2) Andere Online-Quellen recherchieren

Ein auf Amazon angebotenes Produkt steht natürlich in erster Linie in Konkurrenz mit anderen Artikeln auf demselben Marktplatz. Ich habe selbst die Erfahrung gemacht, dass ich bestimmte Artikel für fast den doppelten Preis bei Amazon im Vergleich zu meinem eigenen Onlineshop verkaufen konnte. Dennoch kann sich der sprichwörtliche Blick über den Tellerrand lohnen, um eine ganzheitliche Preisvorstellung erlangen zu können. Prüfe daher auch unbedingt einmal außerhalb von Amazon verschiedene Preisvergleichsseiten, Google Shopping und weitere Onlineshops, die etwas Ähnliches anbieten. Das hat dann noch einen weiteren Vorteil: bei solchen Recherchen kannst du auch sehen, mit welchen Argumenten deine Mitbewerber außerhalb von Amazon den Kunden ihr Produkt präsentieren. Auf diese Weise sammelst du vielleicht interessante Keywords für die Optimierung deines Produktes, auf die du sonst gar nicht gekommen wärst.

3) Blick in die Offline-Welt

Die meisten Produkte findet man eigentlich auch immer im Einzelhandel – also in der Offline-Welt und oftmals gibt es hier viele preisliche Parallelen zum Onlinehandel. Wenn du also richtig umfangreich recherchieren willst, sind echte Ladengeschäfte, Discounter und Fachmärkte ebenfalls ein guter Ansatz für eine Preisfindung. Hier kannst du wieder einiges für deine Keyword-Optimierung mitnehmen. Achte im Einzelhandel einmal auf die Waren im selben Regal bzw. welche um deinen Zielartikel platziert wurden. Gerade Supermärkte und Baumärkte sind wahre Meister darin, Artikel so zu platzieren, dass die

Kunden deutlich mehr kaufen, als sie eigentlich wollten. Du kannst also davon ausgehen, dass benachbarte Produkte durchaus eine gewisse Relevanz in einem bestimmten Kaufkontext haben.

4) Echte Menschen fragen
Auch hier kannst du erst einmal mit deinem eigenen, echten sozialen Netzwerk anfangen. Lass' dein Produkt ruhig einmal von Freunden und Familie auf seinen Preis schätzen bzw. frage sie offen, was sie dafür ausgegeben würden. Du wirst sicherlich Extreme in beide Richtungen (zu teuer und zu günstig) hören. Wenn du aber genügend Menschen fragst (mindestens 7-8 Personen) und dann ganz klassisch den Mittelwert bildest, hast du noch einen zusätzlichen Wert als Preisgrundlage. Idealerweise solltest du ein spezielles Produkt von Personen schätzen lassen, die es auch tatsächlich kaufen würden. Wenn du nun also eine Wimpernzange 5 Männern in die Hand gibst, wird hier wohl kaum eine realistische Preisvorstellung zustande kommen. Bei allgemeinen Produkten wie einer Computer-Maus solltest du deine Befragung natürlich etwas breiter aufstellen. Höre auch hier mit offenem Ohr zu, wie deine „Probanden" den Artikel kommentieren – Stichwort „Keyword-Recherche".

Die Verkäuferleistung

An dieser Stelle kommen wir noch einmal auf das Grundsatzprinzip von Amazon zurück: eine optimale Kundenzufriedenheit. Würde sich rumsprechen, dass man auf Amazon-Bestellungen ständig lange warten muss, der Umtausch problematisch ist oder Bestellungen gleich gänzlich storniert würden, dann könnte es schnell mit dem Marktplatz bergab gehen. Daher hat Amazon verständlicherweise größtes Interesse daran, dass die Verkäufer eine ordentliche Performance abliefern, denn das ist die Grundlage für einen zufriedenen Kunden. Aber was heißt das jetzt konkret? Hier hilft ein Blick in die SellerCentral im Menüpunkt „Kundenzufriedenheit". Unter der Überschrift „Performance-Ampel" zeigt Amazon drei konkrete Werte an:

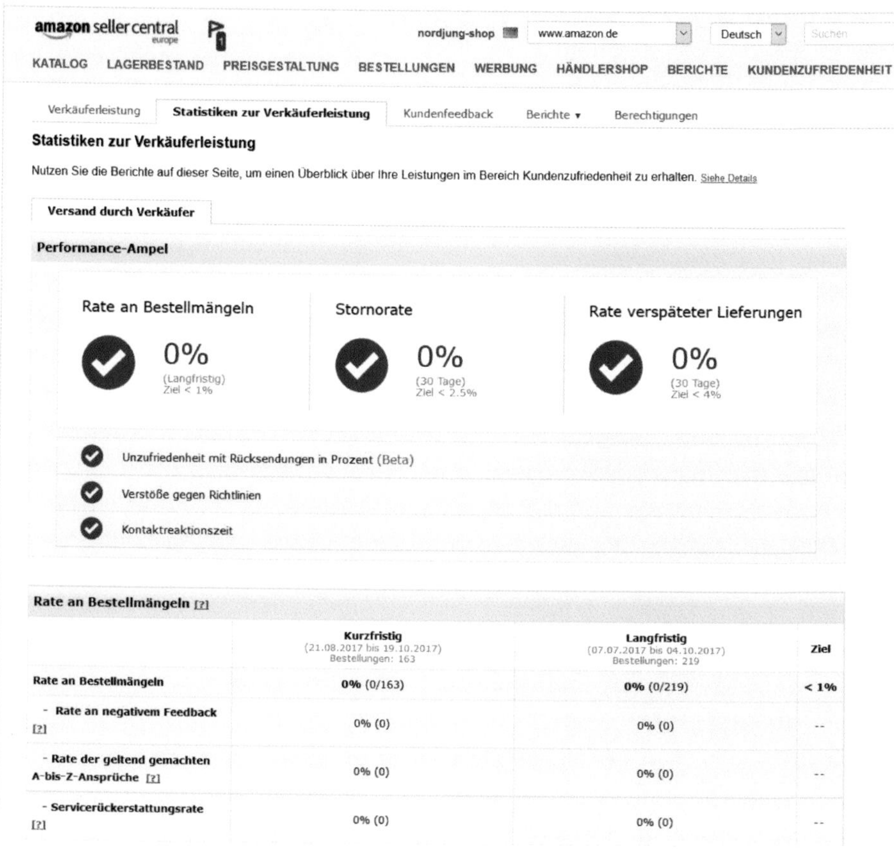

1) Rate an Bestellmängeln

Hier geht es konkret um das direkte Feedback der Käufer. Sowohl die Servicerückerstattung, geltend gemachte Garantieansprüche als auch das konkret negative Feedback spielen hier eine wesentliche Rolle. Insgesamt setzt Amazon die Messlatte in diesem Bereich sehr hoch bzw. niedrig an. Unter einem Prozent der gesamten Bestellungen dürfen nur mangelhaft sein. Dabei differenziert der Marketplace allerdings schon zwischen einer kurz- und langfristigen Verkaufshistorie. Man sollte als Händler also unbedingt darauf achten, dass die Bestellmängel so niedrig wie möglich gehalten werden.

2) Stornorate

Innerhalb der letzten 30 Tage sollte die Rate an stornierten Bestellungen nicht höher als 2,5 Prozent sein. Es geht hierbei allerdings einzig und allein um Stornierungen, die der Verkäufer noch vor der Auslieferung der Ware initiiert hat. So etwas kann passieren, wenn eine Rabatt-Aktion schief gelaufen ist (z.B. Gutschein-Code falsch bemessen) oder ein Unterbestand der Ware zum Zeitpunkt der Bestellung existiert. So etwas kann vorkommen, sollte jedoch in der Gesamtzahl der Bestellungen selten passieren.

3) Rate verspäteter Lieferungen

Natürlich achtet Amazon vor allem auf die Versandgeschwindigkeit, da dies ein wichtiger Gradmesser für die Kunden ist. Gerade wenn man den Versand nicht über Amazon (FBA = Fulfillment by Amazon), sondern das Verschicken der Ware selbst vornimmt (FBM = Fulfillment by Merchant), sollte man sich an seine selbst definierten Lieferfristen halten. Hier liegt der vorgegebene Wert seitens Amazon bei unter 4 Prozent, d.h. 96 Prozent oder mehr der Bestellungen müssen pünktlich verschickt werden.

4) Rate pünktlicher Lieferungen

Amazon holt sich regelmäßig Feedback seiner Kunden ein und hat in diesem Zuge festgestellt, dass Bestellungen mit angehängter Sendungsverfolgungsnummer zu deutlich weniger Retouren, Stornierungen und Austausch zwischen Kunden und Händlern führen. Daher empfiehlt Amazon auch immer die Angabe einer Tracking-ID, bevor man das Versenden der Ware bestätigt. Auf diese Weise lässt sich für Amazon ebenfalls nachvollziehen, ob ein Paket pünktlich ausgeliefert wurde. Hier liegen die empfohlenen Werte bei 97 (pünktlich zugestellte Lieferungen) und 98 (Pakete mit Sendungsverfolgung) Prozent.

5) Bearbeitungszeit für Käufer-Verkäufer-Kontakte

Zur Kundenzufriedenheit zählt natürlich auch der direkte Kontakt zu den Kunden. Hier misst Amazon vor allem die Bearbeitungszeit, mit der Nachrichten von (potentiellen) Käufern beantwortet werden. Das Ziel eines jeden Händlers sollte hier eine Beantwortungszeit von maximal 24 Stunden sein und das bei mindestens 90 Prozent aller Nachrichten. Verspätete Antworten werden auch gut sichtbar mit rot markiert, sodass man davon ausgehen kann, dass Amazon dieser Punkt in Sachen Händler-Performance ebenfalls sehr wichtig ist. Eine direkte (negative) Auswirkung bei verspäteten Antworten auf das Ranking habe ich bis dato noch nicht feststellen können, wenn sonst die Versandleistung im grünen Bereich ist. Dennoch ist es empfehlenswert, auf Anfragen von Nutzern einfach immer so schnell und freundlich wie möglich zu reagieren.

Du siehst also, dass Amazon schon sehr genau hinschaut, was du als Verkäufer machst und wie du mit den Bestellungen und Anfragen der Kunden umgehst. Prinzipiell sind die empfohlenen Werte aber keine unlösbare Aufgabe und dir wird in der SellerCentral sehr genau angezeigt, in welchem Bereich du Defizite hast bzw. was du konkret besser machen musst. Im Vergleich zum sonst sehr nebulösen Ranking-Algorithmus spielt Amazon an dieser Stelle mit offenen Karten und das solltest du für dich nutzen.

Rate an Bestellmängeln [?]

	Kurzfristig (21.08.2017 bis 19.10.2017) Bestellungen: 163	Langfristig (07.07.2017 bis 04.10.2017) Bestellungen: 219	Ziel
Rate an Bestellmängeln	**0%** (0/163)	**0%** (0/219)	**< 1%**
- Rate an negativem Feedback [?]	0% (0)	0% (0)	--
- Rate der geltend gemachten A-bis-Z-Ansprüche [?]	0% (0)	0% (0)	--
- Servicerückerstattungsrate [?]	0% (0)	0% (0)	--

Aktuelle Kundenstatistikdaten

	7 Tage (28.10.2017 bis 03.11.2017) Bestellungen: 14	30 Tage (05.10.2017 bis 03.11.2017) Bestellungen: 87	Ziel
Stornorate vor Erfüllung [?]	0% (0)	0% (0)	< 2.5%
Rate verspäteter Lieferungen [?]	0% (0)	0% (0)	< 4%
Erstattungsrate [?]	0% (0)	1,15% (1)	--

Rate gültiger Sendungsverfolgungsnummern (Beta) (nur vom Verkäufer versandte Bestellungen) Siehe Details

	7 Tage (19.10.2017 bis 25.10.2017)	30 Tage (26.09.2017 bis 25.10.2017)	Ziel
Pünktlich zugestellt [?]	100% (24/24)	100% (76/76)	> 97%
Pakete mit Sendungsverfolgung [?]	100% (24/24)	100% (78/78)	> 98%

Bericht anfordern | Berichte herunterladen

Rate gültiger Sendungsverfolgungsnummern (Beta) (nur vom Verkäufer versandte Bestellungen) Siehe Details

	7 Tage (19.10.2017 bis 25.10.2017)	30 Tage (26.09.2017 bis 25.10.2017)	Ziel
Pünktlich zugestellt [?]	100% (24/24)	100% (76/76)	> 97%
Pakete mit Sendungsverfolgung [?]	100% (24/24)	100% (78/78)	> 98%

Bericht anfordern | Berichte herunterladen

Statistiken zu Käufer-Verkäufer-Kontakten

	7 Tage (30.10.2017 bis 05.11.2017)	30 Tage (07.10.2017 bis 05.11.2017)	90 Tage (08.08.2017 bis 05.11.2017)	Ziel
Bearbeitungszeit unter 24 Stunden [?]	75% (3)	56% (5)	56% (9)	> 90%
Verspätete Antworten [?]	25% (1)	44% (4)	44% (7)	≤ 10%
Seit mehr als 24 Std unbeantwortet [?]	0	0	0	--
Bearbeitungszeit über 24 Stunden [?]	1	4	7	--
Durchschnittliche Bearbeitungszeit [?]	0 Stunde 19 Minuten	0 Stunde 26 Minuten	0 Stunde 40 Minuten	--

Sie haben 0 Nachrichten aus den letzten 7 Tagen, die noch unbeantwortet sind.

Unzufriedenheit mit Rücksendungen in Prozent (Beta) Siehe Details

	7 Tage (28.10.2017 bis 03.11.2017)	30 Tage (05.10.2017 bis 03.11.2017)	60 Tage (05.09.2017 bis 03.11.2017)	Ziel
Unzufriedenheit mit Rücksendungen in Prozent [?]	Nicht zutreffend	Nicht zutreffend	Nicht zutreffend	< 10%
- Negativ bewertete Warenrücksendungen in Prozent [?]	Nicht zutreffend	Nicht zutreffend	Nicht zutreffend	--
- Verspätete Antworten in Prozent [?]	Nicht zutreffend	Nicht zutreffend	Nicht zutreffend	--
- Ungültige Ablehnungen in Prozent [?]	Nicht zutreffend	Nicht zutreffend	Nicht zutreffend	--

Bericht anfordern | Berichte herunterladen

Kurz und knapp zusammengefasst

Amazon geht es schlicht darum, Kunden zufriedenzustellen und viel zu verkaufen. Bedienst du beides als Händler in Perfektion, wird Amazon dich lieben und mit guten Rankings belohnen. Um das zu erreichen, sind folgende Punkte wichtig:

1) Die passende Produktkategorie kann sich positiv auf deinen Verkaufsrang und damit auch die Sichtbarkeit in der organischen Produktsuche auswirken. Das Ziel lautet immer: werde „Bestseller Nr. 1" in einer (Unter-)Kategorie.

2) Bessere Rankings entstehen bei Amazon nicht von alleine, sondern nur durch mehr Verkäufe. Temporäre Rabatt-Aktionen, Einführungspreise o.ä. senken zwar kurzfristig deinen Gewinn, können aber langfristig deinen Erfolg sichern.

3) Bei Amazon geht es nicht darum, der Billigste zu sein, sondern der beste Verkäufer zu werden. Ein günstiger Preis sorgt nicht automatisch für einen höheren Absatz. Experimentiere daher mit der Auspreisung und recherchiere vielschichtig auch in anderen Einkaufswelten.

4) Plane deine Lagerbestände sorgfältig und gerate niemals (oder nur sehr kurzfristig) „out of stock", denn das kann deinem Ranking schaden.

5) Liefere und antworte immer schnell und sorge für minimale Stornierungen und Retouren. Kurzum: liefere eine ordentliche Verkäufer-Performance ab, denn damit steigen auch die Chancen auf bessere Rankings.

Bewertungen – die Macht der Sterne

Wenn du dieses Buch hier liest und vielleicht noch kein Amazon-Verkäufer bist, dann hast du doch bestimmt schon auf dem Marktplatz eingekauft oder zumindest dort ab und zu recherchiert, oder? In jedem Fall wirst du auch mit den gelben Sternchen in Berührung gekommen sein und eben mit jenen kleinen, aber so entscheidend wichtigen Icons, wollen wir uns in diesem Kapitel beschäftigen. Produktrezensionen auf Amazon sind nämlich mehr als das sprichwörtliche Zünglein an der Waage. Diese Bewertungen entscheiden nicht selten über den Erfolg oder Misserfolg eines Produktes bzw. darüber, ob du viel oder wenig auf dem Marktplatz verkaufst.

Während der Suchalgorithmus mangels offizieller Informationen immer nur ein Näherungswert sein kann, so ist die Wirkung von Bewertungen durch Kunden messbar belegt worden. In der Studie „Die Macht der Sterne“ von Bosch und Siemens Hausgeräte GmbH (BSH), BIG Social Media GmbH sowie dem Lehrstuhl für Internationale BWL und E-Commerce der HTW Aalen konnte man den direkten Einfluss von Rezensionen auf den Absatz belegen. So wurde festgestellt, dass Amazon Produkte mit positiven Bewertungen den Umsatz um bis zu 30 Prozent steigern können und sich solche Angebote doppelt so gut verkaufen lassen wie Artikel mit schlechten oder gar keinen Bewertungen. Auch die Anzahl der Kundenbewertungen für jedes einzelne Produkt spielt eine wichtige Rolle. So stellte man in der Studie weiter fest, dass sich der Abverkauf eines Artikels um 63 Prozent steigern lässt, wenn dieser mindestens 50 Bewertungen eingesammelt hatte. Das zeigt noch einmal sehr eindrucksvoll, dass sowohl positive als auch negative Bewertungen einen konkreten Einfluss auf die Verkaufschance haben.

Und gleich noch eine wichtige Erkenntnis: ein Produkt mit einer durchschnittlichen Bewertungsrate von 4,5 Sternen verkauft sich dreimal besser als ein Produkt mit maximaler 5-Sterne-Bewertung. Der Grund dahinter ist schnell erklärt: kein Artikel auf dieser Welt wird immer allen Menschen gleichgut gefallen. Es wird immer Nörgler und Querulanten geben und natürlich kann auch das beste Produkt der Welt einmal aus einer Montagsproduktion kommen und Kunden enttäuschen, was sich wiederum direkt auf die Bewertungen auswirkt. Frage dich an dieser Stelle einmal selbst, ob du Vertrauen in ein Produkt hättest, welches bei einer Gesamtzahl von 100 Bewertungen immer nur mit 5 Sternen bewertet wurde. Circa ein Drittel der Onlineshopper sieht das ähnlich und vermutet ohnehin gefälschte oder beeinflusste Bewertungen auf Amazon. Daher ist es nur glaubwürdig, wenn ein Artikel neben vielen 4- und 5-Sterne-Bewertungen auch die eine oder andere negative Rezension aufzeigt. Wenn du also eine schlechte Kundenbewertung für deinen Artikel erhalten haben solltest, halte dir vor Augen, dass dies unter Umständen sogar den Absatz fördern kann. Entscheidend ist dabei auch, wie man mit einer negativen Rezension umgeht, aber dazu kommen wir später noch.

Seller-Feedback und Produktrezension

Im Vergleich zu eBay gibt es auf Amazon zwei unterschiedliche Bewertungsmöglichkeiten: die Produktrezension und die Seller-Bewertung. Erstere zielt direkt auf die konkrete Kundenmeinung für ein bestimmtes Produkt ab und spiegelt meist die empfundene Qualität einer Ware wider. Diese Art der Bewertung ist auf den ersten Blick sichtbar und nimmt, wie du gerade gelesen hast, einen direkten Einfluss auf die Verkaufschance eines Produktes. Als Rezensent sollte man sich jedoch auch an die Vorgaben von Amazon halten, denn wenn an dieser Stelle über die Verkäuferleistung geschrieben wird (z.B. „Der Versand hat sehr lange gedauert…"), dann kann es gut sein, dass Amazon diese Bewertung wieder löscht.

Wenn man sich zum Verkäufer selbst äußern möchte, kann man das mit den Seller-Bewertungen machen. Jeder Händler auf Amazon hat dort ein Verkäuferprofil, das man gezielt mit seiner Käufererfahrung befüllen kann. Solltest du in den letzten Monaten bei Amazon etwas bestellt haben, dann schau' einmal bei deinem Nutzer-Account in die Bestellübersicht. Dort findest du bei jedem Artikel immer zwei Buttons: „Verkäufer-Feedback abgeben" und „Schreiben Sie eine Produktrezension". Bei einigen Bestellungen taucht auch der Button „Feedback zur Verpackung" auf, wo man gezielt sogar explizit den Karton bzw. die Versandtasche beurteilen kann. In jedem Fall ist die Verkäuferbewertung ebenfalls enorm wichtig, auch wenn sie nicht auf den ersten Blick zu sehen ist und sich kaum ein Kunde in das Verkäuferprofil verirrt. Dennoch nutzt Amazon diese Quelle, um die Performance eines jeden Händlers bewerten zu können. Denke also immer daran: gute Verkäufer-Performance = bessere Chance auf gute Rankings in der organische Produktsuche.

So viele Bewertungen braucht dein Produkt

In der Studie „Die Macht der Sterne" wurde festgestellt, dass sich ab 50 Bewertungen pro Produkt die Verkaufschance signifikant steigern lässt. Allerdings ist dieser Wert sehr pauschal und trifft nicht immer zu. Manchmal sind selbst 50 Rezensionen noch viel zu wenig und bei einigen Artikeln würde auch schon weniger reichen. Es hängt eben sehr davon ab, wie stark oder schwach deine Mitbewerber aufgestellt sind und damit sind nicht unbedingt die Händler per se, sondern konkret die Produkte gemeint, die in deinem Umfeld gut in den Suchergebnissen positioniert sind.

Lass' uns hierzu wieder in die Praxis abtauchen, denn damit erklärt sich die Anzahl der benötigten Bewertungen am besten. Wenn man bei Amazon nach „Malerpinsel" sucht, dann sieht man in der Ergebnisliste auf einen Blick, dass hier durchschnittlich sehr wenige Bewertungen abgegeben wurden. Der Bestseller und gleichzeitig auf Position 1 der Suchergebnisse (Stand November 2017) hat 159 Rezensionen, Position 2 hat 21 und Position 3 zeigt 8 Bewertungen an.

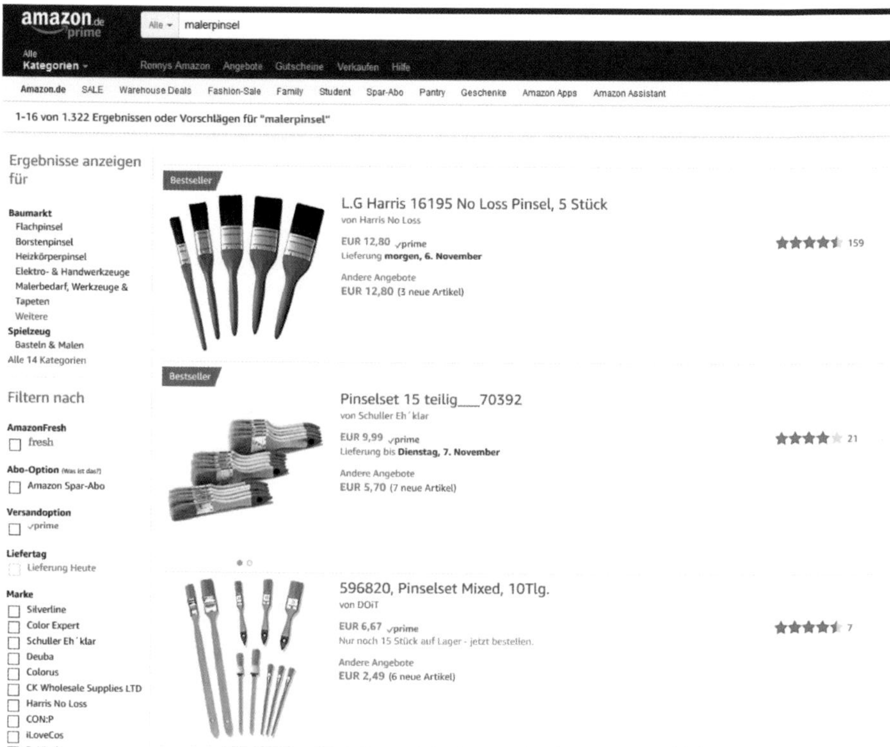

Vielleicht wunderst du dich jetzt, warum gleich zwei Produkte zur selben Suchanfrage auf einer Suchergebnisseite das Bestseller-Badge bekommen haben, denn eigentlich wiederspricht sich diese Darstellung. Aber eigentlich auch wieder nicht, denn schaut man sich beide Produkte im Detail an, so stellt man fest, dass der erste Pinsel in der Kategorie „Flachpinsel" und das zweite Produkte in „Bostenpinsel" eingeordnet ist. Somit ist jeder in seiner Kategorie der Bestseller und beide werden als solcher auch in den Suchergebnissen angezeigt. Auf der ersten Ergebnisliste finden sich auch einige Produkte ohne Bewertungen. Weiter unten sogar befindet sich ein Artikel, der zwar 29 Rezensionen eingesammelt hat, allerdings durchschnittlich mit nur 3 Sternen bewertet wurde. Dazu muss man wissen, dass Amazon eine 3-Sterne-Bewertung bereits als negativ einstuft, daher ist davon auszugehen, dass dieses Produkt trotz seiner fast 30 Rezensionen auch deswegen eher weiter unten gelistet wird.

Beachte: Eventuell verkaufst du bereits Produkte und bist vielleicht sogar in deiner Kategorie (oder Unterkategorie) auf Platz 1 und dennoch hast du kein Bestseller-Badge bekommen. Dieses „Phänomen" sieht man häufiger und es gibt dafür drei wesentliche Gründe:

1) Der Umsatz der gesamte Kategorie oder Unterkategorie ist zu gering.
2) In der Kategorie befinden sich zu wenige Produkte.
3) Die Gesamt-Sales-Performance deines Artikels ist zu „schlecht".

Das Problem ist nun, dass es zu keinem der genannten Gründe eine definitive Aussage von Amazon gibt. Besonders das Kriterium des Umsatzes ist sehr schwer zu beziffern aber erfahrungsgemäß ist das der häufigste Grund, warum es in bestimmten Bereichen bei Amazon keinen „Bestseller" (zumindest optisch als solchen ausgewiesen) gibt.

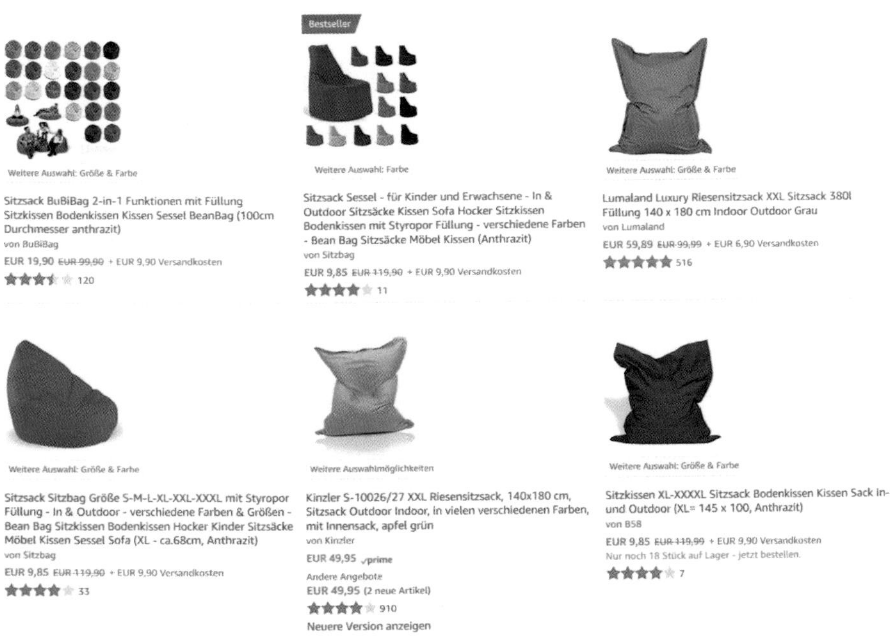

Anders sieht es beispielsweise aus, wenn du nach „Sitzsack“ suchst, denn hier müsstest du deutlich mehr in Rezensionen investieren. Platz 1 zählt 120 Bewertungen, Position 2 hat 11, Position 3 hat 516, Position 4 hat 33 und Position 5 sogar unglaubliche 910 Rezensionen (Stand November 2017). Bis auf zwei Ausnahmen haben alle Artikel auf der ersten Suchergebnisseite eine Menge Kundenbewertungen aufbauen können. Wenn du dich hier gut und sichtbar unter den Top 5 oder gar Top 3 positionieren möchtest, solltest du einen langen Atem und einiges an Budget mitbringen, aber dazu kommen wir gleich noch.

Was du aber aus diesem Beispiel direkt ablesen und lernen kannst: willst du in der Kategorie bzw. zu der Suchanfrage „Sitzsack“ weit oben ranken, dann brauchst du 30-150 Bewertungen mit einem Durchschnitt von mindestens 4, besser jedoch 4,5 Sternen.
Das sind an dieser Stelle natürlich nur Schätzwerte, aber du kannst und solltest dich bei der Bewertung, wie viele Rezensionen dein Produkt braucht, immer an den Topplatzierten in deiner Kategorie sowie Suchphrase orientieren. Es ist nicht zwangsläufig notwendig, immer mehr Bewertungen als der Erstplatzierte zu haben, um zum Bestseller Nr. 1 aufzusteigen. Im Mittel sind aber genau die ersten 3 bzw. 5 Plätze dein Maßstab, da das genau die Angebote sind, welche Kunden zuerst wahrnehmen.

Rezensionen und das Ranking

An dieser Stelle sei unbedingt darauf hingewiesen, dass viele positive Bewertungen keine Garantie für mehr Sichtbarkeit sind. Immer wieder sieht man Suchergebnisse, wo Platz 1 weniger Rezensionen zählt als die folgenden Platzierungen. Dennoch zahlen (viele) positive Rezensionen direkt und indirekt auf das Ranking ein.
Ein solch klares Bild wie beim obigen Beispiel „Malerpinsel“ von gleichermaßen absteigender Anzahl der Rezensionen und Rankings ist nicht immer der Fall, aber es zeigt noch einmal sehr gut, dass Bewertungen einen Einfluss auf die Sichtbarkeit haben. Man kann immer davon ausgehen, dass die Angebote weit oben in der Suchergebnisliste mehr (positive) Bewertungen haben als

schlechter gelistete Angebote. Das liegt aber auch daran, dass sich Artikel auf Platz 1, 2 und 3 deutlich besser verkaufen als auf den unteren Plätzen. Dadurch haben eben diese Produkte eine höhere Chance, auch mehr organische Bewertungen einzusammeln.

Mehr Bewertungen heißt, wieder ein besseres Ranking und eine größere Aufmerksamkeit bei potentiellen Käufern zu erlangen, wodurch noch mehr Verkäufe entstehen und so weiter. Es gilt also gerade am Anfang, sprich beim Verkaufsstart von Artikeln auf Amazon, auf Bewertungen zu setzen. Plane hierfür immer ein gewisses Budget ein, denn trotz einer perfekten Optimierung deiner Produktdarstellung wirst du kaum etwas verkaufen können (oder nur sehr wenig), wenn du keine Kundenmeinungen einsammelst.
In Sachen Ranking sei hier auch noch einmal angemerkt, dass es neben vielen harten auch einige weiche Faktoren gibt, welche Amazon dafür auswertet. So zählt auch die Customer Journey mit in der Ranking-Bewertung, das heißt wie oft und wonach ein Nutzer auf Amazon sucht, wann und wo er etwas anklickt und wodurch dann letztendlich der Kauf entsteht. Das ist deswegen wichtig, da viele Bewertungen automatisch für mehr Aufmerksamkeit und damit auch mehr Klicks in den Suchergebnissen führen, was wiederum die Verkaufschance steigert. Allein aus diesem Grund solltest du in den Aufbau von Bewertungen investieren.

Wie bekomme ich mehr Bewertungen?

Nachdem wir also geklärt haben, dass Rezensionen nicht nur direkt auf das Ranking einzahlen, sondern eben auch für mehr Klicks sorgen, stellt sich jetzt die Frage, wie man an mehr Bewertungen kommt. Würdest du nicht aktiv den Aufbau von Rezensionen fördern, würde es trotz vieler Verkäufe sehr lange dauern, bis du auf die nötige Anzahl in deinem jeweiligen Produktbereich kommst. Unter Umständen würde der Absatz ohne eine Mindestanzahl von Bewertungen kaum richtig in Gang kommen, wodurch natürlich auch keine organischen Kundenbewertungen zustande kommen. Diesen Teufelskreis kannst und musst du aber durchbrechen und folgende Optionen hast du dafür zur Auswahl:

1) Produkttester
Angefangen hat alles mit Amazon Vine – einem hauseigenen und exklusiven Bewertungsclub vom Marktplatz höchst selbst. Das Prinzip hier ist einfach erklärt: ein Händler stellt sein Produkt stark reduziert bzw. kostenlos zur Verfügung und ein Nutzer mit einem aktiven Amazon Account testet diesen Artikel. Anschließend gibt er dafür eine ehrliche Bewertung ab, welche eben auch nicht immer automatisch positiv ausfallen muss. Auf der gleichen Grundlage gibt es auch „unabhängige" Produkttester-Plattformen, die nach dem gleichen Prinzip arbeiten.

Noch vor ein bis zwei Jahren war es recht einfach, schnell viele Rezensionen mit solchen Plattformen aufzubauen. Sei es „kostenlos" über eine Facebook-Gruppe oder auch gegen eine monatliche Gebühr und/oder Kosten pro Produkttest – jeder Händler konnte damit schnell die Reputation seines Artikels auf Amazon verbessern.
Anfang Oktober 2016 hat Amazon jedoch dieser Möglichkeit weitestgehend einen Riegel vorgeschoben und den Aufbau von Rezensionen über kostenlose oder rabattierte Vergabe von Produkten sehr stark eingeschränkt. Fortan war und ist es nur noch erlaubt, maximal fünf Rezensionen pro Woche und Nutzer abzugeben, wenn die Bewertung durch eine Incentivierung erfolgt ist.
Stand heute (November 2017) gibt es immer noch mehrere solche Produkttester-Plattformen, über die nach wie vor (wenn auch im kleineren Stil) Rezensionen generiert werden können. Neu ist jetzt nur, dass die Plattformen ihre Produkttester nicht mehr zu einer Bewertung des Produkts auf Amazon „zwingen" können. Dennoch funktioniert dieses Modell in eingeschränkter Form weiterhin. Denkbar ist jedoch, dass Amazon irgendwann einmal gänzlich verbieten wird, dass außerhalb des Vine-Programms Käufer von rabattierten Produkte eine Bewertung abgeben können.

2) Incentives als Paketbeilage
Wenn du als Händler den Kunden die Pakete noch selbst zuschickst, kannst du durch kleine Werbeaktionen versuchen, mehr Käufer zum Schreiben einer Rezension zu bewegen. Mit cleveren Flyern, Postkarten oder Werbegeschenken können die Kunden direkt mit dem Erhalt der Lieferung angesprochen und

zum Abgeben einer Bewertung überzeugt werden.
So wäre es zum Beispiel möglich, einen attraktiven Rabatt-Code für die nächste Bestellung (z.B. „30% sparen beim nächsten Einkauf") beizulegen, auf dem gleich noch um eine Bewertung gebeten wird. Oder du gehst gezielt auf die Rezension ein und legst bspw. einen Flyer in Herzform mit der Aufschrift „Herzlichen Dank für deine Bestellung. Bitte bewerte doch dein neues Produkt XYZ auf Amazon." Zu Weihnachten würde sich hier auch ein Flyer in Form eines Tannenbaums oder Geschenks und zu Ostern in Form eines Hasen anbieten. Solche Flyer bekommst du bei guten Onlinedruckereien für bezahlbares Geld – 1.000 Herzchen-Flyer kosten gerade einmal circa 80 Euro. Ein zusätzliches kleines Werbegeschenk kann die Aufmerksamkeit und damit die Chance auf eine Bewertung nochmals steigern. Gerade Frauen sind hier eine dankbare Zielgruppe, denn sie sind meist emotionaler im Einkaufsprozess unterwegs und teilen gerne ihre Meinung mit anderen.
Denke dir einfach eine nette, kleine Aktion als Beileger aus und überrasche die Kunden damit. Um dich aber vor einer Enttäuschung zu bewahren, sage ich dir gleich, dass mit dieser Methode dennoch die meisten Käufer keine Rezension abgeben werden. Allerdings wirst du dennoch durch solche Maßnahmen die Chance auf mehr Bewertungen deutlich erhöhen und die Kosten sind je nach Art des Beilegers überschaubar. Mein Tipp: teste einfach verschiedene Aktionen und günstige Give-Aways aus, um zu sehen, worauf deine Kunden am ehesten anspringen.

Hierzu noch ein sehr wichtiger Hinweis, der dir viel Ärger und eine Menge Geld sparen kann. Nachdem die Ware beim Kunden ausgeliefert wurde, ist damit der Kauf abgeschlossen und du darfst den Kunden ohne seine ausdrückliche Erlaubnis nicht nachträglich ansprechen. Das schließt auch die freundliche Bitte nach einer Bewertung nicht aus, da dies im weitesten Sinne als Werbemaßnahme gedeutet werden kann und dafür brauchst du eine schriftliche Einverständniserklärung. Die meisten Kunden werden sich daran zwar nicht stören, wenn du sie nach einem abgeschlossenen Kauf dahingehend kontaktierst und es werden bestimmt einige tatsächlich auch bewerten. Denke aber daran, dass es immer auch Menschen gibt, die alles SEHR genau nehmen oder es sich vielleicht um einen Testkauf deines Mitbewerbers handelt. In beiden

Fällen kannst du dann mit einer Abmahnung rechnen und das kann sehr teuer werden.
An dieser Stelle möchte ich noch genauer auf die erste Möglichkeit für mehr Bewertungen eingehen – die Produkttester-Clubs. Zwei von ihnen möchte ich dir kurz stellvertretend vorstellen, da beide etwas anders arbeiten und sich damit die Vor- und Nachteile am besten erklären lassen.

Welche Rezension ist die Beste?

Wenn du aufmerksam gelesen hast, dann wirst du gemerkt haben, dass ich unterschiedliche Bewertungsoptionen herausgestellt habe, welche ich an dieser Stelle noch einmal näher erklären möchte.

1) Bewertungen mit verifiziertem Kauf
Das ist im Prinzip die „klassische" Bewertung, die jeder kennt: ich kaufe ein Produkt auf Amazon und bewerte dieses später aus meinem Kunden-Account heraus. Rezensionen, die auf diese Weise entstehen, kennzeichnet Amazon mit einem kleinen „Verifizierter Kauf"-Label unterhalb des Datums und oberhalb des Bewertungstextes.

2) Bewertungen ohne verifizierten Kauf
Was viele nicht wissen: ich kann JEDES Produkt auf Amazon bewerten, das dort angeboten wird. Die einzige Grundvoraussetzung ist ein Nutzer-Account, mit dem bereits mindestens eine Transaktion abgeschlossen wurde – sprich, ich muss einfach einmal damit eingekauft und bezahlt haben und schon kann ich einfach alles auf Amazon bewerten.
Aber warum lässt Amazon überhaupt Bewertungen von Nutzern zu, die das Produkt dort gar nicht gekauft haben? Ganz einfach: einer der Erfolgsfaktoren des Marktplatzes sind eben die vielfältigen Bewertungen der Millionen von Produktangeboten. Das lockt natürlich viele potentielle Käufer erst einmal grundsätzlich auf die Website, die schon wissen, was sie kaufen möchten und vorher die Meinung anderer Nutzer lesen wollen. Ist man erst einmal auf Amazon, kommt man nur noch schwer davon weg, sprich, die Kaufwahrscheinlichkeit steigt. Daher ist der Marktplatz natürlich daran interessiert, zu

vielen Produkten möglichst viele Bewertungen einzusammeln. Egal, wo man das Produkt gekauft hat – bewerten kann man es dann doch auch woanders. Das ist die Philosophie von Amazon: wenn du schon woanders kaufst, dann bewerte wenigstens bei uns.

Der einzige Unterschied beider Bewertungsarten besteht eben dann nur in einem kleinen Label „verifizierter Kauf", welcher entweder angezeigt oder ausgeblendet wird. Aber kommen wir auf die Ausgangsfrage zurück: welche dieser beiden Bewertungen ist denn nun wichtiger oder wertvoller fürs Ranking? Grundsätzlich kann man hier sagen, dass es keine Rolle spielt, was ich dir an einem kleinen Beispiel erklären möchte.

Stell' dir vor, du möchtest einen modernen Staubsaugerroboter kaufen und bist dir noch unschlüssig, ob ein solches Gerät wirklich funktioniert. Da ist es doch besonders praktisch, dass genau diesen Artikel bereits viele andere Käufer vor dir bestellt und sogar bewertet haben. Voller Vorfreude neuer Erkenntnisse liest du nun durch die 80 weitestgehend positiven Rezensionen und erlebst schnell eine Ernüchterung, denn fast alle der Bewertungen lauten in etwa „Funktioniert gut.", „Preis-Leistung ist super." oder „Die Farbe gefällt mir super.". Was genau kannst du nun also für eine tiefergreifende Erkenntnis daraus ziehen, die dir bei der Kaufentscheidung hilft? Richtig: Keine! Und nun stell dir vor, dass dort ein paar Bewertungen extrem ausführlich geschrieben sind, Pros und Kontras detailliert gegenübergestellt und sogar eigene Fotos und Videos hochgeladen sind. Würde dir das bei der Kaufentscheidung eher helfen? Schon, oder? Und nun stell dir vor, dass bei eben diesen ausführlichen Rezensionen das Label „verifizierter Kauf" fehlt, dafür aber bereits über 30 andere Nutzer diese Bewertung als hilfreich markiert haben.
Das fehlende Label stört tatsächlich die wenigsten, da die meisten Endkunden den Unterschied beider Bewertungen kaum kennen bzw. einordnen können. Sie sehen eben nur eine Bewertung, die sehr ausführlich sowie detailliert ist und tatsächlich einen echten Mehrwert bietet. Genau auf diese Rezensionen kommt es an und eben diese sind so enorm wertvoll. Das weiß auch Amazon und sortiert hilfreiche Bewertungen immer weit nach oben. Es kommt hier weniger auf die Aktualität oder den verifizierten Kauf an, sondern vielmehr

auf echte Kundenmeinungen. Desto mehr Nutzer eine Bewertung als hilfreich markiert haben, desto wertvoller ist diese auch und rankt bei einem Produkt eben auch weit oben.
Nach aktuellem Kenntnisstand kommt es nicht darauf an, ob eine Bewertung tatsächlich durch einen echten Kauf auf Amazon entstanden ist oder nicht. Das Wichtigste ist, dass sie hilfreich ist und dies auch von anderen Nutzern so wahrgenommen wird. Idealerweise ist beides der Fall (verifizierter Kauf und viele Hilfreich-Markierung), aber es ist eben auch kein Zwang, solange die Rezensionen zusätzliche Informationen liefern.

Was tun, wenn ich eine negative Bewertung erhalte habe?

Klären wir an dieser Stelle erst einmal kurz, was eine negative Bewertung wirklich ist. Laut Amazon ist bereits eine 3-Sterne-Rezension als negativ zu bewerten, auch wenn diese inhaltlich sogar differenziert Vor- und Nachteile aufzeigt. Das bedeutet im Umkehrschluss aber auch, dass eine dreistufige Bewertungsskala in den unteren und nur eine zweistufige Skala in den oberen Bereich der Kundenbewertungen gibt. Als Händler sollte man sich also doppelt anstrengen, möglichst viele 4- und 5-Sterne Rezensionen einzusammeln, denn jede negative Bewertung kann sich sowohl direkt als auch indirekt auf das Ranking auswirken.
Sollte dennoch einmal eine negative Kundenbewertung ins Haus flattern, dann kann man dies sogar zu seinem Vorteil nutzen. Das klingt jetzt vielleicht erst einmal paradox, ist aber im Prinzip einfach erklärt.

Jeder, der schon länger im B2B-Bereich handelt, der weiß: es gibt Kunden und es gibt Kunden. Will sagen: Menschen ticken völlig unterschiedlich und auch ein vermeintlich tolles Produkt wird nicht bei jedem Käufer immer positiv ankommen. Daher ist es absolut normal und sogar erwartungskonform, dass selbst ein gutes und hochwertiges Produkt neben vielen positiven auch einige negative Bewertungen aufweist. Ich hatte bereits früher in diesem Buch erwähnt, dass sich Untersuchungen zufolge ein Artikel mit einer 4,5-Sterne-Bewertung besser verkauft als mit maximal positiver Kundenbeurteilung. Jedoch sollten selbst wenige schlechte Bewertungen nicht einfach nur sich selbst überlassen werden, egal wie subjektiv oder ungerechtfertigt diese Bewertungen sind.

Meine klare Handlungsempfehlung: jede negative Rezension sollte vom Händler selbst angemessen und zeitnah kommentiert werden. Du hast richtig gelesen: Angemessen! Das bedeutet aber immer im Sinne des Kunden bzw. anderer möglicher Käufer, die sich vor einer Bestellung zuerst die Bewertungen des Produktes durchlesen. Folgende Tipps kann ich dir dabei aus Erfahrung mit auf den Weg geben:

1) Sachlichkeit bewahren
Dieser Punkt ist enorm wichtig und wird dennoch immer wieder von vielen Händlern nicht oder zu wenig beachtet. Wie bereits erwähnt, sind Kunden zum Teil wirklich spezielle Pflänzchen, die sehr emotional auf eine Bestellung oder ein Produkt reagieren. Wenn nun also ein Käufer regelrecht über dein Produkt, welches du mit Herzblut verkaufst, herzieht, dann bleibe unbedingt sachlich und freundlich. Es spielt überhaupt keine Rolle, wie ungerechtfertigt du eine Bewertung wahrnimmst – der Käufer hat dies nun mal leider in diesem Moment so empfunden und entsprechend bewertet. Gehe in dich, atme kurz durch und reagiere in keinem Fall ebenfalls emotional, denn das wirkt auch auf andere Käufer unseriös und lädt nicht gerade zur Bestellung ein.

2) Recht geben und relativieren
Lass‘ dich keinesfalls und schon gar nicht öffentlich sichtbar auf eine Diskussion mit dem Kunden ein. Du musst nicht zwangsläufig Fehler oder Probleme eingestehen, aber dem Käufer den Wind aus den Segeln nehmen. Diese Taktik habe ich auch früher schon angewandt und sie funktioniert sehr gut. Sätze wie „Aus Ihrer Sicht kann ich verstehen, dass…“ oder „Wir nehmen Ihre Kritik sehr ernst und werden prüfen, ob…“ können die Situation schlichten und gießen nicht noch Öl ins Feuer. Auch wenn du gänzlich anderer Meinung bist, geht es an dieser Stelle nicht um Rechtfertigung, sondern vielmehr um Schadensbegrenzung und Schlichtung. Durch einen argumentativen Schlagabtausch wirst du einen enttäuschten Kunden niemals umstimmen. Nimm deine eigenen Gefühle, deinen Frust und Ärger zurück und versuche das Problem

aus der individuellen Sicht des Kunden zu betrachten.

3) Lösungen anbieten

Wäre ein Käufer gänzlich unzufrieden, würde er wahrscheinlich zuerst mit einer Retoure reagieren, bevor er eine negative Bewertung abgibt. An dieser Stelle lassen sich bereits viele schlechte Rezensionen im Keim ersticken, wenn man bei einer Retoure freundlich und kulant reagiert. Gibt ein Käufer direkt eine negative Rezension ab, so könnte man direkt an dieser Stelle für jeden Nutzer sichtbar einen Umtausch oder eine Erstattung anbieten. Das zeigt auch anderen Käufern, dass man sich als Händler nicht hinter Kritik versteckt und im Zweifel lösungsorientiert und kundenfreundlich arbeitet.

4) Ein bisschen Spaß muss/darf sein

In einigen Situationen kann man auch als Händler mit ein wenig Witz reagieren. Ich habe selbst mal eine negative Bewertung mit einer vorsichtigen Ironie beantwortet, um ein wenig auf die z.T. sehr seltsame Kritik zu reagieren. In diesem Fall hat es sogar gut funktioniert und der Rezensent kommentierte sogar noch ein zweites Mal auf meine Antwort mit einer gewissen Einsichtigkeit. Dennoch solltest du sehr vorsichtig agieren, denn nicht immer ist hier ein Spaß angebracht, da dies schnell umschlagen und zu noch größerem Ärger beim Kunden führen kann. Wäge also gut ab, ob und wann ein bisschen Ironie funktionieren kann.

5) Antworte ausführlich (wenn es passt)

Nimmt sich ein Rezensent viel Zeit für seine (negative) Bewertung, solltest du es ihm gleich tun und ebenfalls ausführlich antworten. Es geht hier weniger darum, eine künstliche Länge zu produzieren oder Romane zu schreiben, sondern vielmehr um Wertschätzung für die Bewertung. Aus jeder negativen Rezension kannst du als Händler etwas lernen und wenn dies auch noch detailliert und konstruktiv geschieht, dann sei dankbar dafür, auch wenn dies im ersten Augenblick vielleicht schwer fällt.

Gehe immer davon aus, dass gerade die negativen Bewertungen im Fokus von Kunden stehen. Auch wenn es manchmal wirklich schwer fällt: lasse dich nicht aus der Ruhe bringen und reagiere nicht sofort darauf, wenn du emotional zu

aufgeladen bist. Manchmal hilft es, ein wenig Abstand zu gewinnen und alles aus der Vogelperspektive zu betrachten. Wirklich JEDE negative Bewertung sollte von dir entsprechend kommentiert und entschärft werden. Diskussionen und Schuldzuweisungen oder gar Häme und Zynismus (nach dem Motto: „Wenn Sie zu blöd für die Bedienung sind, kann ich auch nichts machen.“) sind kontraproduktiv und schrecken auch andere Käufer ab.
Wenn du aber professionell und lösungsorientiert auf eine negative Rezension reagierst, beweist du dich damit als seriöser Verkäufer und baust etwaige Bedenken vor einer Bestellung ab. Lässt du eine schlechte Bewertung unbeantwortet, wirft das in vielerlei Hinsicht Fragen auf, was wiederum die Kaufbereitschaft deutlich senkt. Betrachte eine kritische Kundenmeinung immer auch als Chance, das vermeintliche Problem zu (er)klären und Vorbehalte anderer potentieller Kunden abzubauen.

Sollte eine negative Rezension allerdings wirklich unberechtigt sein, so kannst du diese auch direkt an Amazon reporten. Unter jeder Produktbewertung findest du dafür einen Link „Missbrauch melden“, der speziell für diesen Zweck seitens Amazon vorgesehen ist. Sei dir aber darüber im Klaren, dass dies keine Garantie für das Entfernen der Bewertung gibt. Sollte sich Amazon weigern, eine nachweislich missbräuchliche und rufschädigende Bewertung zu entfernen, kann dir hier nur ein Rechtsbeistand helfen. Diesen Weg zu gehen, muss jeder für sich entscheiden – für mich war es bislang nie eine Option, denn auch Amazon hat größtes Interesse daran, die Rezensionen auf ihrem Marktplatz auf einem vernünftigen und angemessenen Niveau zu halten.

Kurz und knapp zusammengefasst

Wie du nun siehst, nimmt das Thema Rezensionen einen wirklich sehr hohen Stellenwert im Gesamtkonstrukt im Amazon-Kosmos ein. Hier noch einmal die wichtigsten Fakten zusammengefasst:

1) Wir unterscheiden grundsätzlich zwischen Verkäuferbewertungen und Produktrezensionen. Erstere bewerten die individuelle Leistung des Händlers (Versandgeschwindigkeit, Beantwortung von Fragen usw.)

und letztere beschreibt die persönliche Meinung eines Käufers zu einem Produkt.

2) Viele positive Bewertungen steigern die Verkaufschancen direkt und indirekt. Einerseits zahlen Rezensionen als Ranking-Faktor auf die Sichtbarkeit ein und andererseits sorgen sie für mehr Aufmerksamkeit und damit auch Klicks möglicher Käufer.

3) Wie viele Bewertungen dein Produkt benötigt, hängt immer auch von der verorteten Kategorie bzw. den „benachbarten" Produkten ab. Grundsätzlich aber gilt: ab 50 Bewertungen mit einem Durchschnitt von 4,5 Sternen steigt die Chance auf mehr Verkäufe deutlich.

4) Mehr Bewertungen lassen sich durch den Bestellungen beigelegte Give-Aways oder Produkttests aufbauen. Letztere sind jedoch nur mit den oben genannten Einschränkungen möglich.

5) Ob eine Bewertung mit dem Label „verifizierter Kauf" gekennzeichnet ist, spielt keine große Rolle. Wichtiger ist, dass diese Rezension einen Mehrwert liefert und dadurch von anderen Nutzern als hilfreich markiert wurde.

6) Eine negative Bewertung ist kein Beinbruch und sollte immer freundlich und lösungsorientiert kommentiert werden.

Mehr Traffic = mehr Sales

Auch auf die Gefahr hin, mich zu wiederholen, aber das hier ist einfach so enorm wichtig für deinen Erfolg auf dem Amazon Marktplatz: Verkaufe was das Zeug hält! Jeder einzelne Sale zahlt direkt auf deinen Verkaufsrang und damit auch das Ranking in der organischen Produktsuche ein. Hast du es erst einmal an die Bestseller-Spitze geschafft und ist dein Produkt gut genug, kommen die Sales fast von alleine. Bis dahin ist es aber ein ordentliches Stück Arbeit und du solltest wirklich ALLES unternehmen, um mehr Artikel auf Amazon zu verkaufen.
Selbst wenn du dein Produkt perfekt in alle Richtungen optimiert hast und es sich ab und an auch bereits ganz gut verkauft, so wird es dennoch dauern, bis gute organische Rankings aufgebaut werden. Je nach Kategorie und Konkurrenzsituation können Wochen oder gar Monate vergehen, bis deine Sichtbarkeit signifikant steigt. Du kannst diesen Vorgang jedoch enorm beschleunigen, wenn du die Verkäufe auch mit externem Traffic und cleveren Werbemaßnahmen pushst. Einige hilfreiche Tipps und Strategien zeige ich dir nun auf den nächsten Seiten. Nicht alle werden auf jedes Produkt und jede Zielgruppe passen. Die meisten Ideen lassen sich dennoch gut auf die breite Masse anwenden bzw. in leicht modifizierter Variante auf die allermeisten Produkte zuschneiden.

Rabatt-Aktionen anlegen

Wenn eines im Handel immer funktioniert, sind das Rabatt-Aktionen, sprich Preisnachlässe auf bestimmte Produkte und Artikelgruppen. Eben solche Rabatte kannst du direkt über deine SellerCentral einrichten und gerade für den Aufbau von Produktrezensionen sind diese zum Teil auch unerlässlich. Im Hauptmenüpunkt „Lagerbestand“ und dort unter „Werbeaktionen verwalten“ findest du verschiedene Möglichkeiten:

1) Kostenloser Versand
Was das bedeutet, muss ich hier wahrscheinlich nicht groß erklären. Lässt du deine Produkte ohnehin schon über Amazon versenden, dann ist diese Option

in der Regel hinfällig, da bei Prime ein Gratis-Versand sowieso schon enthalten ist.

2) Preisnachlass

Genau diese Option ist jene, welche du wahrscheinlich am häufigsten brauchen wirst. Lege vorher eine Gruppe an Artikeln fest, welche du rabattieren möchtest. Dann musst du dich entscheiden, ob du einen allgemeingültigen Gutschein-Code oder einzelne Rabatt-Codes verwenden möchtest. Die erste Variante ist zwar die bequemere, allerdings auch die riskantere Option. Gelangt ein solcher Gutschein-Code zum Beispiel versehentlich an die Öffentlichkeit, kann es schnell passieren, dass damit dein gesamter Warenbestand leergekauft wird. Um das zu verhindern, sind manuelle Codes die bessere Wahl. Ist ein solcher Code einmal eingelöst, kann er kein zweites Mal benutzt werden. Allerdings ist der Verwaltungsaufwand dafür höher, denn du musst jeden einzelnen Code auch manuell verteilen.
Dennoch kann es sinnvoll sein, einen allgemeinen Rabatt-Code zu erstellen. Bei einigen meiner Sendungen lege ich einen 20% Gutschein-Code für die nächste Bestellung bei. Hier ist es bedeutend einfacher, nur einen Code anstatt vieler einzelner zu verwenden.

3) 2-für-1-Aktion

Kaufe 2 und zahle 1 Artikel – so etwas kennst du bestimmt bereits aus dem Einzelhandel. Genau eine solche Rabatt-Aktion kannst du auch auf Amazon starten. Dafür musst du ebenfalls im Vorfeld eine Gruppe von Artikeln festlegen. Der Aufwand ist hier im Vergleich zu Preisnachlässen allerdings wesentlich höher. Eine 2-für-1-Atkion kann beispielsweise auch ein sinnvoller Anreiz für eine Folgebestellung sein. Mit einem kleinen Flyer als Beilage deiner Pakete kannst du so für zusätzliche Verkäufe sorgen, was sich wiederum direkt auf deinen Verkaufsrang positiv auswirkt.

4) Externe Prämien

Auch das kennst du bestimmt: „Bestelle ein Entsafter und du bekommst eine Obstschale kostenlos dazu." oder „Kauf' diese tolle Skijacke und du bekommst einen Reisegutschein im Wert von XX geschenkt". Genau solche Aktionen

kannst du mit dieser Möglichkeit nutzen. Selbst habe ich diesen Bereich noch nie genutzt, aber mit einer cleveren Idee kann sich das bei bestimmten Produktgruppen durchaus lohnen.
So unterschiedlich alle vier Werbemöglichkeiten bei Amazon auch sind, eines haben sie alle gemeinsam: ein Start- und ein Enddatum. Du kannst gerade das Ende einer Kampagne auch weit in die Zukunft legen, wenn du zum Beispiel einen Rabatt sehr lange laufen lassen willst. Manuell beenden kannst du eine Kampagne immer und zu jeder Zeit. Bedenke aber, dass nach jedem Ende einer Werbemaßnahme auch die Gültigkeit der Gutschein-Codes abläuft. Hast du beispielsweise viele Flyer mit einem bestimmten Rabatt-Code drucken lassen, sind diese dann nicht mehr zu gebrauchen.
Noch ein Tipp für ganz Spontane: eine Rabatt-Aktion ist zwar schnell eingerichtet und Gutschein-Codes sind innerhalb von Sekunden generiert, jedoch bedarf es einer gewissen Vorlaufzeit. Jede dieser Werbemaßnahmen ist ab dem Zeitpunkt des Erstellens erst vier Stunden später aktiv. Plane daher immer ein bisschen Vorlaufzeit ein, denn möglicherweise hast du beim Anlegen deiner Kampagne einen Fehler gemacht und musst diese dann verändern. Auch hier gilt: 4 Stunden warten, bis die Kampagne in geänderter Version live gehen kann.

PPC-Kampagnen einrichten

Wenn du bereits mit Google Adwords gearbeitet hast, wirst du dich sehr schnell mit den einfachen Werbekampagnen auf Amazon zurechtfinden. Aber auch ohne große Vorkenntnisse ist eine PPC-Kampagne (PPC = Pay Per Click) eingerichtet. Im Hauptmenüpunkt deiner SellerCentral „Werbung“ findest du entsprechende die Kampagnen-Verwaltung. Im Wesentlichen stehen dir hier zwei Optionen für eine Werbekampagne zur Verfügung:

1) Sponsored Products manuelle Kampagne
Hier legst du selbst fest, welche Keywords du für dein Produkt einbuchen möchtest. Eine solche Kampagne lohnt sich vor allem dann, wenn du gerade ein neues Produkt auf Amazon gestartet hast und noch über wenig organische Keyword-Reichweite verfügst. Überlege dir hier ein sinnvolles Setting an Such-

begriffen, welche mögliche Käufer bei Amazon suchen könnten und mit denen du gleichzeitig nicht wirklich sichtbar bist.

2) Sponsored Products automatische Kampagne
Eine weitere Möglichkeit auch die „Erfahrung" von Amazon zu nutzen, sind die Auto-Kampagnen. Hier bucht Amazon in einem von dir festgelegten finanziellen Rahmen Keywords, die wahrscheinlich zu deinem Produkt passen könnten. Eine solche Kampagne lohnt sich eigentlich immer – für neue und bestehende Produkte. Hier bekommst du unter Umständen einige tolle neue Ideen für Suchbegriffe, auf die du selbst bei umfangreicher Recherche nie gekommen wärst. Richte eine solche Kampagne ein und lasse sie einfach mal einige Tage und Wochen laufen. Erst nach einer gewissen Zeit (in der Regel meist 3-5 Wochen) bekommst du hier brauchbare Ergebnisse und Aussagen über Klicks und daraus resultierenden Verkäufen.
Der große Vorteil einer Auto-Kampagne liegt hier jedoch woanders. Du siehst nach einiger Zeit direkt, welche Keywords häufig geklickt und welche auch direkt zu Absatz geführt haben. Eben diese Suchbegriffe kannst du dann in die Optimierung deines Titels, der Bullet Points und Meta-Keywords nutzen. Überführe sie einfach aus einer bezahlten Werbekampagne direkt in den Content deiner Produktdetails und sorge auf diese Weise für eine gezielte Optimierung deiner organischen Reichweite.

Hinweis: die automatischen Kampagnen können, müssen aber nicht immer gut funktionieren. Ob und welche Keywords hier automatisch geschalten werden, hängt u.a. auch von der Qualität deines Listings ab. Ist also dein Produkt auf Amazon nur schlecht oder gar nicht auf relevante Keywords optimiert, findet der Algorithmus für die automatische Schaltung wenig bis keine Ansatzpunkte. Bevor du also hier viel Budget in solche Kampagnen steckst, solltest du zumindest zwei bis drei Stunden in eine fundierte Recherche investieren und eine gewisse Basis-Optimierung durchführen. Nur so lieferst du Amazon genügend Relevanz und „Ideen" für neue Keyword-Vorschläge.
Beachte bitte auch, dass eine automatische Kampagne nur bedingt neue Suchwortkombinationen generieren kann. Früher oder später sind die meisten (relevanten) Keywords „abgegrast" und die Auto-Kampagne liefert nicht mehr

ausreichend neuen Input und kann folglich eingeschränkt oder eventuell ganz abgeschaltet werden. Ein grober Richtwort sind hier erfahrungsgemäß 60 Tage – danach entstehe hier wenig neue Vorschläge.

Wenn du nun eine automatische Kampagne auswertest, so fällt dir vielleicht auf, dass neben „normalen" Suchwortkombinationen auch Buchstaben-Zahlen-Kombinationen auftauchen, die sogar Impressionen, Klicks und vielleicht sogar Verkäufe generieren. Es handelt sich hierbei um nichts anderes als ASINs anderer Amazon Produkte. Ein häufiger Irrglaube ist, dass Nutzer tatsächlich solche ASINs im Suchfeld bei Amazon eingeben und sie deswegen hier in deiner Kampagne ausgespielt werden.
Dem ist allerdings nicht so und erklärt sich wie folgt: Schau dir einmal eine beliebige Produktdetailseite bei Amazon an. Wenn du ein wenig nach unten scrollst wirst du in der Regel verschiedene Cross-Selling- und Up-Selling-Angebote finden. „Kunden suchten auch…", „Kunden kaufen auch oft zusammen…" und „Gesponsorte Produkte". Letztere sind genau für die ASIN-Auslieferung in deinen Auto-Kampagnen verantwortlich. Hier schaltet Amazon automatisch Werbeanzeige bei Produkten, die für Amazon relevant sind. Du selbst hast darauf absolut keinen Einfluss und kannst das auch nicht selbst über eine manuelle Kampagne initiieren – das geht nur über automatische Sponsored Products Kampagnen.
Insofern kann es durchaus sinnvoll sein, eine automatisch Kampagne auch dann weiterlaufen zu lassen, auch wenn diese kaum neue Keywords generiert.

3) Kontrolle und Erfahrung aufbauen
Solche Werbekampagnen auf Amazon können im direkten Vergleich zu den Google Adwords sehr viel günstiger sein. Selbst mit wenigen Cents pro Klick lässt sich hier eine gute Reichweite aufbauen und damit auch direkt Verkäufe erzielen.
Solltest du noch wenig bis gar keine Erfahrung mit PPC-Kampagne gemacht haben, empfehle ich dir sowohl eine manuelle als auch automatische Kampagne für ein bestimmtes Produkt aufzusetzen und ein kleines Tagesbudget von jeweils 5 bis 10 Euro festzulegen. Beobachte einfach regelmäßig, wie häufig dein Produkt zu den gebuchten Keywords angezeigt wird und welche Suchbegriffe

auch tatsächlich zu einer Conversion führen. Nach und nach wirst du auf diese Weise ein besseres Gespür dafür bekommen, in welche Suchworte du stärker investieren, welche du für die organische Optimierung nutzen und welche du vielleicht gänzlich abschalten oder entfernen solltest.

Wenn du sehr viele Produkte auf Amazon verkaufst, kann eine Bearbeitung deiner verschiedenen Kampagnen direkt über die SellerCentral schnell sehr aufwändig und damit auch unübersichtlich werden. Hier empfiehlt es sich, sogenannte Bulk-Vorgänge zu nutzen. Im Wesentlichen sind dies komplexe Excel-Tabellen, mit denen du all deine Werbeanzeigen in einem Datenblatt verwalten kannst. Wenn du zum ersten Mal mit Bulk-Dateien arbeitest, dann solltest du dir vorab diese Anleitung genauer anschauen: https://sellercentral-europe.amazon.com/gp/help/201827090

Behalte aber in jedem Fall deine Kampagnen auch vom Budget her im Blick und buche nur die Keywords ein, die auf Dauer wirklich zu mehr Verkäufen führen.

Headline Search Ad (HSA)

Ende 2017 hat sich bei Amazon einiges getan und eines der wichtigsten Updates war die Freischaltung der „Headline Search Ads“ (kurz HSA) für die Marketplace-Seller. Die HSAs sind eine Werbeform aus den Amazon Marketing Services (kurz AMS), welche bis dato offiziell nur den Vendoren (vornehmlich große Marken, die direkt an Amazon verkaufen und auf der Plattform nicht selbst als Verkäufer in Erscheinung treten) vorbehalten waren. Genau wie die Sponsored Products basieren die HSAs auf Keywords, die einem Klickpreis zugrunde liegen und mit einem Gebot auf den Klickpreis ausgespielt werden. Dennoch kommt hier eine wichtige Besonderheit dazu: Eine Headline Search Ad wird, wie der Name es schon aussagt, direkt über den organischen Suchergebnissen angezeigt und ist damit so sichtbar, wie kaum ein anderes Werbemittel auf Amazon. Wird also deine Anzeige zu einem gut selektierten Keyword-Set über allen anderen Suchergebnissen angezeigt, erntest du auch die maximale Sichtbarkeit.

Hier gibt es allerdings einige Besonderheiten zu beachten:

• Du musst mindestens drei Produkte selektieren, um eine HSA schalten zu können.

• Du kannst mehr als drei Produkte hinzufügen, welche zwar nicht in der HSA selbst, aber in einer von Amazon generierten Landingpage dazu ausgeliefert werden.

• Du musst eine Headline festlegen. Hier gibt es ebenfalls strenge Regeln für die Wahl deiner Worte (z.B. keine englischen Begriffe, keine Superlative, kein Hinweis auf Sonderangebote).

• Du musst ein kleines Bild für den linken Bereich neben der Headline festlegen. Hier kannst du ein Produktbild, ein Logo oder ein anderes Motiv verwenden.

• Die Headline und das linke Bild werden automatisch mit einer generierten Landingpage verlinkt, die Amazon aus den zur HSA hinzugefügten Produkten generiert.

• Du kannst statt der automatisch genierten Landingpage auch jede andere Amazon-interne URL verlinken. Eine vorgefilterte Seite, welche nur eine erlesene Auswahl deiner Produkte anzeigt, ist dabei eine gute Möglichkeit. Wenn verfügbar kannst du auch einen Brandshop oder auch gezielt eine bestimmte Produktdetailseite verlinken.

• In der mobilen Ansicht werden ausschließlich die Headline und das linke Bild angezeigt. Die drei Produkte rechts davon verschwinden hier gänzlich. Wähle also besonders das linke Bild mit Bedacht und denke im Sinne des potentiellen Kunden. Ein reines Markenlogo sieht vielleicht nett aus, hilft aber bei gezielten Produktsuchen nur wenig in Punkto Conversion.

• Im Gegensatz zu den Sponsored Products werden die Headline Search Ads

manuell von Amazon geprüft und freigegeben. Dies kann ein bis drei Tage in Anspruch nehmen, geht aber erfahrungsgemäß innerhalb von 24 Stunden über die Bühne.
Damit du eine HSA überhaupt schalten kannst, brauchst du nach aktuellem Stand (November 2017) eine eingetragene Wortmarke oder Wort-Bildmarke im DPMA (mehr dazu im folgenden Kapitel).
Hinweis: wenn du international handelst und dir eine Europamarke sichern möchtest, dauert der Eintragungsprozess oftmals deutlich länger. Erst wenn deine Wortmarke auch tatsächlich beim DPMA registriert ist, kannst du dich bei der Amazon Brand Registry damit anmelden und damit die HSA-Funktion in deiner SellerCentral freischalten. Amazon prüft hier jede eingereichte Marke manuell, sodass du auch mit ein wenig Wartezeit rechnen musst. In der Regel ist dieser Prozess auf Seiten Amazons jedoch in wenigen Tagen abgeschlossen.

Werde zur Marke

Bei allem, was du auf oder um Amazon herum unternimmst, ist das mit Abstand der schwerste Teil und sicherlich auch eher nur langfristig erreichbar. Eine Marke aufzubauen bzw. zu etablieren, stellt eine große Herausforderung dar, sichert dir aber langfristig und nachhaltig deinen Erfolg. Vielleicht fragst du dich jetzt, wozu das überhaupt notwendig ist, suchen doch die meisten Nutzer bei Amazon eher nach einem konkreten Produkt als nach einer Marke. Das ist allerdings nur die halbe Wahrheit, denn tatsächlich verkaufen sich bekannte Marken besser und einfacher, da Kunden schlichtweg diesen Artikeln einen gewissen Vertrauensvorschuss gewähren.

Geh‘ dazu einfach einmal von dir als Endverbraucher aus: du möchtest dir eine neue Waschmaschine kaufen und nach einiger Recherche findest du zwei Produkte, welche sowohl preislich als auch vom Funktionsumfang zu deiner Vorstellung passen. Ein Modell ist von „Miele“ und kostet 990 Euro. Die andere Maschine kommt aus dem Hause „Eisenberg“ (Markenname frei erfunden) und kostet 890 Euro. Für welches Gerät würdest du dich entscheiden? Ich prognostiziere an dieser Stelle einmal, dass sich die Mehrheit der Käufer für das bekannte Markenmodell entscheiden würde, auch wenn dies etwas teurer ist. Das Vertrauen in eine große Marke und die damit empfundene Qualität ist einfach ein unschlagbares Kaufargument.

Jetzt wechsle doch einmal kurz zu Amazon und gib dort in der Suchmaske „Waschmaschine“ und dann Leertaste ein. Dir wird in den Auto-Suggest-Ergebnissen sofort der ergänzende Suchbegriff „Miele“ vorgeschlagen. Dieser Umstand ist gleichbedeutend mit einer Art Ritterschlag für dein Produkt, da offenbar viele interessierte Nutzer dies genau so bei Amazon suchen – die Marke ist also schlichtweg bekannt und offenbar beliebt. Noch zwei weitere Beispiele aus anderen Kategorien möchte ich dir hier kurz aufzeigen. Mit der Suche nach „Sitzsack“ wird dir unter anderem „Fatboy“ angezeigt und bei „Münzalbum Euro“ listet Amazon die Marke „Leuchtturm“ mit auf. Sowohl der Hersteller für Sitzsäcke als auch jener für Sammelalben haben beide geschafft, was Ziel eines jeden Verkäufers eigener Produkte sein sollte: einen Markennamen zu etablieren.

Abgesehen von einem gewissen Vertrauensbonus hat diese Markenbildung einen weiteren, sehr wesentlichen und essentiellen Vorteil: die dauerhafte Sicherung deines Erfolges. Aber wie das? So sehr ich Amazon sowohl als Endverbraucher und Unternehmer schätze, so sehr bin ich mir auch bewusst, dass wir es hier mit einem gewissen Risiko zu tun haben, denn Amazon ist auf Wachstumskurs und das konsequent und stetig. Neben allen Vorteilen, die der Marktplatz bietet, muss man sich darüber im Klaren sein, dass man sich in eine gefährliche Abhängigkeit begeben kann. Das Stichwort der Stunde lautet hier „Big Data“, d.h. die massenhafte und detaillierte Auswertung von Verkaufsdaten auf der Amazon Plattform. Mit AWS (Amazon Web Services) hat man hier neben einer weltweit begehrten Shopping-Plattform gleich noch die technischen Mittel sowie das nötige Know-How, um die Aktivitäten des eigenen Marktplatzes umfassend auszuwerten.

Solltest du dich jetzt noch immer fragen, warum das deinen Erfolg als Händler gefährden sollte, so gebe ich dir ein weiteres Stichwort: Amazon Basics. Von HDMI-Kabeln, über Foto-Stativen und jeder Art von Taschen bis hin zu Handtüchern und Bürobedarf: Amazon deckt mit der eigenen Hausmarke mittler-

weile ein unglaublich breites Sortiment an eigenen Artikel ab. Und werden immer mehr Artikel, welche direkt von Amazon verkauft werden und ich bin mir sehr sicher, dass dies in naher Zukunft noch deutlich ansteigt.
Und wie glaubst du, kommt Amazon darauf, genau diese Artikel mit einem eigenen Label zu versehen und selbst herstellen zu lassen? Ganz einfach: sie haben die Verkaufszahlen aller Artikel jederzeit im Blick und wissen daher genau, was gut geht und welche Produkte Ladenhüter sind. Mit der eigenen Marke hat Amazon bei Bestsellern schlicht und ergreifend nicht nur direkten Einfluss auf die Darstellung, sondern eine viel größere Marge, als bei den im Vergleich dazu geringeren Verkaufsprovisionen von Fremdprodukten anderer Händler. Zudem spielt es Amazon auch noch auf eine andere Weise enorm in die Karten und genau an dieser Stelle kommen wir wieder auf die Überschrift dieses Kapitels zurück: werde zur Marke. Indem Kunden Amazon Basics Produkte kaufen, fühlen sie sich der Brand stärker verbunden und werden wieder dort einkaufen und vielleicht idealerweise sogar erneut die Hausmarke bestellen.
Wenn du nun also Produkte mit einem eigenen Label verkaufst (Private Label) und damit vielleicht sogar zum Bestseller aufsteigst, wird das auch Amazon registrieren. Was also sollte die Marktplatzbetreiber nun daran hindern, genau diese Produkte selbst in Fernost einzukaufen oder herstellen zu lassen, ein eigenes Label darauf zu drucken und exakt dieses Produkt als Amazon Basics Artikel oder irgendeiner anderen Eigenmarke zu verkaufen? Im Prinzip nichts – es sei denn, du hast eine bekannte Marke, die man nicht so einfach kopieren kann. Das Produkt selbst lässt sich im Prinzip immer nachmachen – der Ruf und das Vertrauen einer bekannten Marke allerdings nicht.
Es reicht also nicht aus, einfach nur eine clevere Produktidee zu haben und diesen Artikel erfolgreich auf Amazon zu verkaufen. Du musst es schaffen, dass dein Produkt in Verbindung mit einer konkreten Marke gesucht und gekauft wird. Damit schützt du deinen Absatz nicht nur vor Amazon, sondern natürlich auch vor jedem anderen Nachahmer und Mitbewerber. Sei dir darüber bewusst, dass deine Konkurrenten nicht schlafen und es tendenziell immer mehr Händler auf dem Marktplatz Amazon geben wird. Der Einstieg ist einfach, eine kleine UG oder Limited ist schnell und mit wenig bzw. gar keinem Kapital gegründet und ein vergleichbarer Artikel über Alibaba rasch identifiziert. Einzig und allein eine gute, starke Marke kann dein Geschäftsmodell bzw. dein

Produkt vor einer Nachahmung schützen.
Wie du eine solche Marke aufbaust, ist wiederum ein eigenes und auch sehr komplexes Thema, welches den Rahmen dieses Buches sprengen würde. Ein paar Tipps möchte ich dir hier dennoch mit auf den Weg geben:

1) Wort- und Bildmarke finden
Hier ist Kreativität gefragt, denn wenigstens eine Wortmarke ist der Grundbaustein einer eigenen Brand. Damit aber auch wirklich eine echte Marke daraus wird, brauchst du nicht nur einen eingängigen Namen, sondern auch ein wiedererkennbares Symbol – das Logo. Beides zusammen macht eine Marke aus und sorgt langfristig dafür, dass du eine Reputation aufbauen kannst, welche Käufer mit deinem Produkt verknüpfen.

Während du dir einen Markennamen noch selbst ausdenken kannst, so ist bei der Kreation eines Logos ein bisschen mehr gefordert. Wie man eine Bildmarke entwickelt und worauf man bei der Gestaltung achten sollte, sind wiederum ganz eigene Themen. Solltest du nicht gerade aus der Kreativbranche kommen bzw. dein Handwerk als Designer gelernt haben, so solltest du dir genau an dieser Stelle professionelle Unterstützung suchen. Vergiss nicht: deine Marke ist das, was Kunden mit dir und deinem Produkt verbinden. Daher solltest du hier auch die nötige Sorgfalt und Professionalität investieren, um eine optimale Grundlage für eine seriöse Marke zu schaffen.

2) Marke beim DPMA registrieren
Eine Marke ist erst dann etwas wert, wenn sie eingetragen und dadurch geschützt ist. In Deutschland kannst du das beim DPMA (Deutschen Marken- und Patentamt) erledigen. Auch internationale Marken und Gebrauchsmuster lassen sich hier gegen eine Gebühr registrieren. Für eine deutschlandweite Anmeldung deiner Wort- und Bildmarke musst du musst du mit circa 200 bis 300 Euro rechnen.
Nach einer Phase von drei bis vier Monaten ist deine Marke in der Regel im Register angemeldet – aber mehr auch nicht. Wichtig ist dabei zu beachten, dass das DPMA nur überprüft, ob es für den ausgewählten Bereich bereits eine identische Anmeldung gibt. Ist das nicht der Fall, wird die Marke „auf Vorbe-

halt“ eingetragen. Nun können „Externe“ drei Monate Widerspruch einlegen – passiert das nicht, d.h. läuft die Frist ohne Einspruchserhebung ab, ist deine Marke für die nächsten 10 Jahre registriert.

Wichtig: Trotz einer Eintragung im DPMA kannst du Probleme mit anderen Markeninhabern bekommen. Dazu reicht es bspw. aus, dass dein Markenname nur so ähnlich klingt oder zum Teil in einer bereits registrierten Marke enthalten ist. In diesem Fall kann es passieren, dass trotz einer Registrierung markenrechtliche Schwierigkeiten auftreten.
Daher ist es absolut ratsam, von Anfang an einen auf Markenrecht spezialisierten Anwalt mit einzubeziehen, der deinen Antrag auf mögliche Verstöße prüft. Rechne für eine komplett neue Anmeldung einer in Deutschland registrierten Marke inklusive Anwaltskosten mit roundabout 1.000 Euro. Das kann je nach Anwalt und Recherchetiefe sowie Kategorie nach oben und unten variieren. Ich kann dir nur dringen davon abraten, hier komplett auf eigene Faust zu handeln.
Stell dir vor, dein Amazon-Business mit deinen eigenen Markenprodukten läuft richtig super und du lebst vielleicht schon von deinen Einkünften. Du hast ein ganzes Produktsortiment im Angebot, eine kleine Markenwelt im Social Media aufgebaut und gerade die nächste (richtig große) Lieferung aus Fernost bestellt. Nun wirst du wegen Markenrechtsverstößen abgemahnt – was das für dein in Produkten investiertes Kapital und deine Marke im Allgemeinen bedeutet, kannst du dir sicher ausmalen. Im Worst-Case heißt das: Sämtliche Inhalte aus dem Netz nehmen, deinen Amazon Account umbenennen (oder gar ganz schließen) und sämtliche Produkte vernichten, die mit dem umstrittenen Logo personalisiert wurden. Für die meisten kleinen und mittelständischen Händler ist das mit einen Totalschaden für ihr Business gleichzusetzen. Daher solltest du hier nicht an der falschen Stelle sparen und dich von Anfang rechtlich absichern.

3) Relabeling

Hast du nun eine eigene geschützte Marke, solltest du diese natürlich auch auf deine Produkte bringen. Kaufst du zum Beispiel Artikel über Alibaba in Fernost ein, so solltest du diese auch mit deinem Logo versehen lassen. Die

Hersteller bieten dort meist einen Relabeling-Service gegen einen Aufpreis an und diesen solltest du auch wahrnehmen. Nur so kannst du dein Produkt auf Amazon davor schützen, dass irgendein anderer Händler sich jemals an deine Produktanzeige dranhängt und dir die BuyBox strittig macht.

4) Marketing aufbauen
Du hast deine Marke, dein Produkt mit deinem Logo darauf auf Amazon online und nun gilt es, einiges drum herum zu unternehmen, damit du deine Reichweite steigern kannst und in der Außenwelt wahrgenommen wirst. Im Zeitalter von Blogs, Facebook, Instagram und YouTube hast du tolle Kanäle an der Hand, welche du für dein eigenes Marketing nutzen kannst und solltest. In den nächsten beiden Abschnitten findest du weitere Tipps, wie du deine Marke stärken und Reichweite generieren kannst.

Social Media nutzen

Wie gerade erwähnt, bietet dir das Social Web eine große Bandbreite an Möglichkeiten, um deiner Marke und deinen Produkten die nötige Bekanntheit mitzugeben. Virale Reichweite ist heute im Online Marketing wichtiger denn je. Clever genutzt, kannst du auf diese Weise Kunden zu Werbebotschaftern deiner eigenen Produkte machen. Aber auch das ist wiederum ein komplexes, eigenes Thema, das wir hier nicht in aller Ausführlichkeit behandeln können. Social Media kann aber noch einen weiteren, wichtigen Nebeneffekt mit sich bringen: Traffic!
Eine kleine Fanseite auf Facebook ist schnell aufgebaut und damit auch die Möglichkeit geschaffen, um eine Werbekampagne einzurichten. Mit dieser Maßnahme ist es nicht nur möglich, die Fanseite selbst, sondern eben auch jede andere Quelle im Netz zu bewerben. Dazu zählt natürlich auch deine Artikelseite auf Amazon. Im Vergleich zu allen anderen Werbemaßnahmen hat Facebook einen absolut entscheidenden Vorteil: Segmentierung. Keine andere Plattform weiß so viel über seine Nutzer wie Facebook: Alter, Geschlecht, Beziehungsstatus, Hobbys, Vorlieben, Vereine und oftmals sogar die geschlechtliche Gesinnung. Diesen unglaublich breiten Wissensschatz kannst du dir zunutze machen und ganz gezielt neue Kunden ansprechen. Vorausset-

zung hierbei ist natürlich, dass du deine Zielgruppe auch wirklich kennst, denn andernfalls nützt dir die beste Segmentierung von Nutzern nicht das Geringste und du würdest eine Menge Geld „verbrennen".
Bedenke aber auch, dass Facebook keinen grundsätzlich kommerziellen Charakter hat. Sind deine Anzeigen zu werblich, würden sie weniger geklickt werden. Vielmehr musst du es schaffen, die Aufmerksamkeit deiner Zielgruppe zu erreichen, ohne sie mit platten Rabatt-Aktionen und Preisnachlässen zu nerven. Hier musst du sehr feinfühlig und clever vorgehen.

Ein kleines Beispiel:

Du verkaufst hochwertige Babyschnuller auf Amazon, also sind frisch gewordene Eltern deine Zielgruppe. Diese über die Segmentierung auf Facebook herauszufiltern, ist vergleichsweise einfach, allerdings solltest du deine Werbeanzeige jetzt eher auf Emotionen anstatt auf plumpe Rabatt-Angebote aufbauen. Ein zufrieden schlummerndes Babygesicht mit einem Schnuller im Mund und einem cleveren Werbespruch wie „Endlich wieder durchschlafen!" funktioniert viel besser als das Produktfoto mit dem Slogan „Jetzt neu: Babyschnuller für nur 4,99 €".

Auch YouTube lässt sich prima als Werbekanal für deine Amazon-Produkte nutzen, denn hier sind Klick-Kampagnen wesentlich günstiger als bei den herkömmlichen Google Werbeanzeigen. Um diesen Kanal zu nutzen, musst du noch nicht einmal ein aufwändiges Video produzieren, denn auch kleine Textanzeigen lassen sich in Videos anderer YouTube-Nutzer anzeigen. Jene, die ihre Videos für solche Werbemaßnahmen freischalten, erhalten dann von der Videoplattform einen anteiligen Klickpreis gutgeschrieben. Dein Vorteil dabei ist, dass du beispielsweise durch eine gut eingestellte Werbekampagne deine Anzeige nur bei relevanten Videos anzeigen lassen kannst. Im Falle unseres Baby-Schnullers würde die Kampagne dann nur bei Baby-Bloggern ausgestrahlt werden und damit wieder sehr wahrscheinlich genau die richtige Zielgruppe ansprechen.
Eine weitere Option ist Instagram, denn auch hier tummeln sich möglicherweise eine Menge potentieller Kunden und vor allem Influencer, also jene

User, denen zahlreiche andere Nutzer folgen. Gerade die Influencer können dir enorm dabei helfen, dein Produkt und/oder deine Marke bekannt zu machen. Das Thema hier komplett abzubilden, würde den Rahmen deutlich sprengen. Fakt aber ist: Influencer-Marketing kann speziell auf Instagram ein mächtiges Werkzeug sein, um neue Produkte schnell bekanntzumachen und auf Amazon zu platzieren. Bedenke dabei: JEDER Nutzer, den du zusätzlich „von außen" auf dein Amazon-Produkt schickst, ist ein potentieller Käufer und jeder Sale zahlt direkt auf deine Verkaufshistorie und damit auch auf das Ranking deiner Produkte ein.

Facebook, YouTube und Instagram sind nun nur drei von sehr vielen Möglichkeiten, um dein Produkt über die sozialen Netzwerke mit zusätzlichem Traffic zu pushen und dir stehen noch sehr viel mehr Plattformen zur Verfügung, um diesen Ansatz stärker zu forcieren. Denke dabei immer daran: jeder zusätzliche Besucher auf deinem Amazon-Produkt kann zu einem weiteren Kauf führen, was wiederum deinen Verkaufsrang verbessert und damit gleichzeitig deine organische Sichtbarkeit direkt beeinflusst.

Microsite aufbauen

Auch wenn immer mehr Nutzer ihre Produktsuche direkt auf Amazon anstatt bei Google starten, so nutzen dennoch sehr viele Menschen jeden Tag die Suchmaschine mit den bunten Buchstaben und auch das kannst und solltest du für dich clever nutzen. Folgende Schritte sind dafür, kurz zusammengefasst, nötig:

1) Problem lösen

Was genau suchen wohl die meisten Nutzer, wenn sie Google bedienen? Nach Informationen und meist nach solchen, die ein Problem lösen. Bleiben wir bei unserem fiktiven Baby-Schnuller und stellen uns nun einmal die Frage: wonach könnten Eltern eines kleinen Babys im Informationsbereich suchen? Oder anders gefragt: was interessiert frische gewordene Eltern am dringendsten? Wie wäre es mit dem Problem, dass das Baby ständig schreit und wie man es am besten beruhigen kann? Genau das ist der richtige Ansatz für eine mögliche Microsite, welche dann ganz beiläufig dein Produkt bewirbt.

2) Die richtigen Keywords

Auch hier gelten wieder die gleichen Grundsätze wie bei der Optimierung deines Amazon-Produktes: finde die Keywords, nach denen Google Nutzer suchen. An dieser Stelle ist der sinnvollste Weg wieder der Gebrauch des Keyword-Planers, denn dieser liefert dir ziemlich exakte Angaben zu dem monatlichen Suchvolumen bestimmter Themen. Identifiziere nun also jene Suchbegriffe, welche zu deinem Thema (und auch Produkt) am häufigsten gesucht werden und am besten passen.

3) Domain registrieren

Als nächstes benötigst du eine Domain, auf der du deine Microsite aufbaust. Idealerweise deckst du mit dieser Internetadresse gleich noch eine bestimmte Suchwortkombination wie „baby-einschlaf-hilfe.de" ab. Eine solche Domain mit einem kleinen Webpaket bekommst du beim Provider one.com beispielsweise schon für 1,79 Euro im Monat, wobei das erste Jahr sogar noch kostenlos ist.

4) Plattform installieren

Meine Empfehlung an dieser Stelle: nutze das Content-Management-System „WordPress", denn das macht es auch unerfahrenen Nutzern verhältnismäßig leicht, eine professionelle Website aufzubauen, ohne sich mit technischem Schnick-Schnack aufzuhalten. Ich nutze WordPress schon seit vielen Jahren für mittlerweile alle meine Webprojekte und bei vielen Providern ist dieses CMS bereits von Haus aus mit an Bord und kann mit wenigen Handgriffen installiert werden.

5) Content aufbauen

Damit deine neue Microsite auch gefunden werden kann, musst du nun Inhalte schaffen. Ein kleiner Blog mit einem wöchentlichen Artikel zum Thema „Wie schlafen Babys am besten" könnte eine Idee sein. Aber auch alle anderen wissenswerten Infos für junge Eltern sind hier angebracht. Wichtig dabei ist, dass du regelmäßig und stetig neuen Content aufbaust, der auch wirklich lesenswert ist, denn das lieben die Nutzer und damit auch Google.

6) Werbung in Maßen
Natürlich ist deine Website kein reiner Selbstzweck, sondern soll dabei helfen, dein Produkt auf Amazon besser zu verkaufen. Ein Google-Sucher, welcher deinen Blog findet und sich deine Artikel durchliest, soll im Idealfall schließlich auch zu deinem Kunden werden. Ein prominent platzierter Werbebanner mit deinem Schnuller und einem kleinen Rabatt-Code sowie einem coolen Slogan sorgt schließlich dafür, dass deine Microsite den Google-Traffic zu Amazon lenkt. Aber übertreibe es mit der Werbung nicht, denn eine überfrachtete Seite sorgt unter Umständen für genervte Leser, welche deswegen nur kurz verweilen. Versuche eine gute Balance zwischen wertvollen Informationen und gut platzierter, auffälliger Werbung für dein Produkt zu finden.

7) Amazon Partnerprogramm nutzen
Und nun noch ein kleiner „Geheim-Tipp" von mir, mit dem du doppelt verdienen kannst: wenn deine Website soweit eingerichtet und der erste Content platziert ist, melde dich damit beim Amazon Partner-Programm an. Es handelt sich hierbei um ein sogenanntes Affiliate-Programm, bei dem du mit Verkaufsprovision belohnt wirst. Sorgst du also zum Beispiel dafür, dass ein Nutzer aus einer externen Quelle wie deiner Website zu Amazon gelangt und dort dann auch tatsächlich einkauft, wirst du prozentual am bestellten Warenwert beteiligt. Je nach Produktkategorie erhältst du dann zwischen 5 und 10 Prozent Provision, von ALLEN bestellten Artikeln, welche der Kunde innerhalb der ersten 24 Stunden nach dem Klicken auf deinen Werbebanner bestellt.

Ein kleines Beispiel:

Ein Nutzer findet deine Website über Google, klickt den Schnuller-Banner an und kauft dein Produkt auch prompt bei Amazon. Nun bestellt er im selben Zug aber nicht nur deinen Baby-Schnuller, sondern gleich noch ein neues Kinderbett, eine Packung Windeln und ein paar Lätzchen dazu. An all diesen Produkten wirst du nun prozentual beteiligt. Auf diese Weise verkaufst du dein eigenes Produkt häufiger, bekommst dafür noch eine Provision (welche gleichzeitig wiederum die Verkaufsgebühr etwas ausgleicht) und du kannst dir noch einige Euros dazu verdienen.

An dieser Stelle sei noch einmal erwähnt, dass dies wirklich eine sehr gekürzte Anleitung für den Aufbau einer Microsite war. Wenn du so etwas noch nie gemacht hast, wirst du vielleicht technische Hilfe benötigen und musst eine Menge Geduld mitbringen. Während bei Amazon organische Rankings relativ schnell, innerhalb von Tagen oder Wochen entstehen können, muss man bei einer Website sehr viel mehr Zeit einplanen. Sieh dies einfach als ein langfristiges und nachhaltiges Investment für dein Amazon-Produkt.
Nimmt man es (aus rechtlicher Perspektive) genau, so ist eine Link zu Amazon mit einem integrierten Affiliate-Tag nichts anderes als Werbung und müsste auch entsprechend gekennzeichnet werden. Korrekterweise sollte also in der unmittelbaren Umgebung des Links (also nicht irgendwo im Footer der Website versteckt) der Hinweis stehen, dass es sich hier um eine Werbelink handelt. Was das für die Klickrate bedeutet, kann man sich ausmalen. An dieser Stelle musst du dich entscheiden: willst du rechtlich ganz sauber und korrekt agieren oder nimmst du im Zweifel eine Abmahnung in Kauf. Auch an dieser Stelle rate ich dir, einen guten Anwalt zu konsolidieren und deine Möglichkeiten zu erörtern.

Hinweis: Aktuell tut sich einiges auf gesamteuropäischer Ebene zum Thema „Datenschutzgrundverordnung" (EU-DSGVO) und „e-Privacy" (ePrivacy-VO). Kurz gefasst hat das EU-Parlament eine neue Verordnung verabschiedet, welche weitreichende Änderungen in Punkto Datenschutz und Tracking auf Webseiten hat. Wenn der aktuelle Gesetzesentwurf so durchgesetzt wird, wie aktuell geplant, dann würde das ein „normales" Affiliating kaum noch möglich machen. Fortan müsste auf jeder Website das Cookie-Tracking (auf dem beinahe alle Affiliate-Programme basieren) via Opt-In eingeschaltet werden.
Es reicht also nicht mehr aus, dem Nutzer mit einem kleinen Hinweis über das aktivierte Tracking zu informieren und ihm gegebenenfalls nur die Möglichkeit der Deaktivierung einzuräumen. Jeder Nutzer muss aktiv dem Tracking vor und während des Besuchs auf der jeweiligen Website zustimmen. Es wird erwartet, dass das Gesetz Mitte 2018 in Kraft tritt. Wann genau und in welcher

Form ist derzeit (Stand November 2017) noch nicht gänzlich geklärt. Mein Rat lautet also, dich dringend über diese Verordnung auf dem Laufenden zu halten, denn im Zweifel musst du viel auf deinen Websites und deinem Onlineshop anpassen, um dich vor kostspieligen Abmahnungen zu schützen.
Eine Microsite für externen Traffic kannst du zwar dennoch aufbauen, jedoch wirst du vielleicht auf den Einsatz von Cookies und damit auch der Provisionierung deines Traffics verzichten müssen.

Die Amazon Checkliste

Zeit zum Durchatmen – denn du hast es nun fast geschafft. Die wichtigsten Dinge über die Amazon-Optimierung hast du gelernt und wenn du all das beherzigst, was in diesem Buch erklärt wird, dann steht deinem Erfolgskurs bei Amazon nichts mehr im Weg. Damit du alle wichtigen Faktoren und Hinweise nicht mühsam herausschreiben musst, habe ich dir eine kompakte Checkliste erarbeitet, mit der du die wesentlichen Punkte immer im Blick hast.

1) Keywords recherchieren Teil 1
Ziehe alle Register und versuche so viele potentielle Suchbegriffe wie möglich zu recherchieren. Nutzen dafür nicht nur Tools (z.B. Google Keyword-Planer, W-Fragen-Tool usw.), sondern auch die Auto-Suggest-Funktion von Amazon und vor allem deinen Verstand sowie deine Kreativität.

2) Keywords recherchieren Teil 2
Riskiere ein Blick über den Tellerrand und schaue dir vor allem Produkte deiner Mitbewerber auf Amazon und in diversen anderen Onlineshops sowie Preisvergleichsseiten außerhalb von Amazon an. Es geht hier nicht nur stumpf um Suchbegriffe, sondern um die Generierung weiterer Inhaltsideen für dein Produkt.

3) Keywords priorisieren
Gehe systematisch vor und ordne deine gesammelten Keywords in einer Excel-Tabelle von primär nach sekundär. Vermeide dabei Wiederholungen aber auch irrelevante Begriffe, die wahrscheinlich keine Conversion erzielen würden.

4) Content optimieren
Die wichtigsten Keywords kommen in den Titel, die zweitwichtigsten in die Bullet Points. Suchbegriffe, die zwar zum Suchfokus deiner Zielgruppe aber nicht direkt zu deinem Produktpassen kommen in die Meta-Keywords. Dort kannst du auch alle direkt passenden Keywords unterbringen, die nicht mehr in den Titel oder die Bullet Points gepasst haben.

Vergiss bitte auch die Beschreibung nicht. Sie wird von Amazon als auch Google indexiert und hier kannst du einige Longtail-Keywords unterbringen.

5) Lesbarkeit gewährleisten
Denke bitte bei allem was du machst immer auch an den echten Nutzer. Die Suchmaschine ist immer nur Mittel zum Zweck, denn dein Produkt wird von echten Menschen und keine Algorithmus gekauft. Überfrachte daher deinen Content nicht mit Keywords. Konzentriere dich auf die wichtigsten und verfasse deinen Titel, die Bullet Points und deine Beschreibung gut lesbar und klar strukturiert.

6) Fotos optimieren
Mit den perfekten Produktbildern wird nicht selten aus einem Besucher ein Käufer. Verschiedene Perspektiven als auch Detailbilder sorgen dabei für den nötigen Kaufanreiz. Achte unbedingt auf eine korrekte Farbgebung und lege deine Bilder idealerweise gleich in 1.500 x 1.500 Pixeln an, damit die Zoom-Funktion von Amazon aktiviert wird.

7) Kategorie finden
Mit der richtigen Produktkategorie kannst du schneller zum Bestseller werden. Suche dir dafür einen passenden Bereich heraus, wo möglichst wenig starke Marken, schlecht optimierte Produkte mit wenigen Bewertungen verortet sind. Hier wirst du es viel leichter haben, nach vorn an die Spitze der Unterkategorie zu gelangen. Achte aber unbedingt auch darauf, dass die Kategorie wirklich zu deinem Produkt passt.

8) Prime nutzen
Am schnellsten wirst du mehr Verkäufe erzeugen, indem du am FBA-Programm teilnimmst und deine Waren von Amazon verschicken lässt. Das ist meist sogar günstiger, als sie selbst zu versenden und bringt dir gleichzeitig den Prime-Vorteil. Prime-Kunden geben nicht nur insgesamt mehr Geld aus, sondern sie kaufen auch lieber Produkte, die von Amazon verschickt werden. Diese Hebel solltest du unbedingt nutzen.

9) Preis (temporär) senken
Um in den organischen Rankings voranzukommen, ist der Verkaufsrang entscheidend. Diesen Rang zu verbessern sollte dein oberstes Ziel sein, auch wenn du am Anfang nicht viel mit den Verkäufen verdienst oder sogar draufzahlst. Den Preis kannst du später nach oben korrigieren – für den Anfang solltest du durch einen attraktiven Preis so viele Verkäufe wie möglich generieren. Zu schnelle und starke Preisänderungen können ggfs. aber auch zur Verlust der BuyBox führen.

10) Bewertungen aufbauen
Sammle so viele (positive) Produktrezensionen ein wie möglich. Orientiere dich bei der Anzahl der nötigen Bewertungen für den Anfang an den Topsellern deiner Kategorie und anderen Konkurrenzprodukten. Ein „Genug" gibt es hier im Prinzip nicht. Desto häufiger dein Produkt von Kunden positiv bewertet wurde, desto attraktiver wird es auch für andere Kunden.

11) Werbekampagnen schalten
Nutze einerseits die Rabatt-Kampagnen auf Amazon (für einige Produkttester-Variante nötig) aber auch Klick-Kampagnen, um mehr Traffic auf dein Produkt zu bekommen. Gerade die PPC-Kampagnen kannst du mit einem kleinen Tagesbudget am Anfang gut nutzen, bis du genug organische Reichweite aufgebaut hast.

12) Keywords nachjustieren
Aus den PPC-Kampagnen kannst du gut erkennen, welche gebuchten Suchbegriffe auch tatsächlich zu einem Kaufabschluss geführt haben und welche nicht. Gleiche diese Keywords mit deinem Titel, den Bullet Points und den Meta-Keywords ab und tausche hier auch versuchsweise verschiedene Worte einmal aus. Nimm dir aber genügend Zeit zum Testen und ändere nach Möglichkeit nicht jeden Tag dein Keyword-Setting. Somit bekommst du einen realistischen Blick auf die Keywords, welche funktionieren und welche eher überflüssig sind.

13) Externen Traffic nutzen
Konzentriere dich bei allem was du unternimmst immer auf Amazon und versuche jede mögliche Traffic-Quelle auf dein Produkt zu leiten. Jeder einzelne Besucher konvertiert mit einer Wahrscheinlichkeit von durchschnittlich 10 bis 70 Prozent zum Kunden. Nutze daher auch jede Art von Social Media und externe Websites, um zusätzliche Besucher zu Amazon zu schicken, die sonst nicht auf dein Produkt gekommen wären.

14) Bestseller werden
An dieser Stelle kommt noch ein Tipp, der enorm wichtig ist und den ich dir bis jetzt noch nicht verraten habe. Aufgepasst: Es genügt an nur einem einzigen Tag mehr Artikel zu verkaufen, als der Mitbewerber und schon überholst du ihn und kannst somit zum Bestseller werden. Bist du erst einmal an der Spitze angekommen und hast dir das kleine Badge „Besteller Nr.1“ verdient, dann kommt es nur noch darauf an, diese Position durch eine gute Verkäuferleistung und eine perfekte Produktqualität zu halten. Ein Bestseller-Artikel verkauft sich oftmals doppelt so häufig, wie ein ähnliches Angebot auf Platz 2 in den Suchergebnissen.

15) Preis anpassen
Nun ist es an der Zeit, die Lorbeeren für deine Arbeit einzustreichen. Passe den Preis schrittweise wieder nach oben und freue dich auf viele Verkäufe. Übertreibe es aber nicht, denn wenn du nur einen Tag weniger verkaufst als dein Mitbewerber, ist der Platz 1 auch schnell wieder verloren. Sorge daher stetig weiter für neue, gute Bewertungen und ausreichend Traffic aus anderen Quellen. So wird sich dein Produkt fortwährend gut verkaufen und dein Portmonee füllen.

Nach vielen hundert optimierten und noch deutlich mehr analysierten Produkten habe ich festgestellt, dass der Preis mitunter auch einen Einfluss auf das Ranking hat. Wird der Preis in bestimmten Kategorien auch nur marginal gesenkt, verändert sich unmittelbar danach das Ranking und das meist zu deinem Vorteil. Wiederum in anderen Kategorien hat der Preis keinerlei (bzw. keine große) Auswirkung auf das Ranking. Hier gilt nur: Testen, testen, testen.

Spiele ruhig ein wenig mit dem Verkaufspreis herum und beobachte (am besten systematisch mit einem Tool), wie sich das Ranking deines Produkts ändert.

FBA Basics - Fulfillment by Amazon

Nicht nur für die Konsumenten ist Amazon ein spannender Kanal. Allein auf dem deutschen Marktplatz tummeln sich über 40.000 aktive Händler und Vendoren, die ihre Waren zum Verkauf anbieten und entweder selbst versenden oder den Versanddienst von Amazon nutzen. Und genau das ist das sogenannte FBA-Programm von Amazon. Ausgesprochen heißt FBA „Fulfillment by Amazon“ – zu Deutsch also „Auftragsabwicklung von Amazon“. Was hier so unspektakulär klingt, hat es wirklich in sich und gerade für Händler, die eigene Produkte und Waren vertreiben (z.B. als Lizenznehmer einer großen Marke oder aus eigener Produktion) ist das FBA Programm durchaus eine sehr interessante Überlegung wert, denn hier werden nicht nur die Warensendungen von Amazon selbstständig rausgeschickt, sondern eben auch Retouren verwaltet. Der Händler hat also praktisch keinen physischen Kontakt mehr zu einer Bestellung, da dies alles im Logistzentrum von Amazon abgehandelt wird.

Risiken und Vorteile von Amazon FBA

Jeder der seine Waren mittels Webshop anbietet und verkauft, der weiß, wie aufwändig und zum Teil auch sehr teuer Laderhaltung und Warenwirtschaft sein kann. Lagerhallen müssen gebaut, gekauft oder gemietet werden, Warensendungen und Retouren verwaltet und Mitarbeiter gesteuert und bezahlt werden. Das kostet nicht nur eine Menge Geld, sondern ist auch aufwändig. Der Vorteil ist jedoch, dass man von der Bestellung, über den Versand bis hin zu den retournierten Produkten alles selbst in der Hand hat. Beim FBA-Programm ist das nicht so – hier gibt man sämtliche Prozesse an Amazon ab und kann als Händler nicht mehr selbst aktiv werden. Dafür hat man wirklich keinerlei Mühe oder Probleme mit einer Bestellung mehr und muss sich nur um den Einkauf kümmern. Denn eine Regel ist gerade beim Amazon FBA besonders wichtig: niemals „Out of Stock“ zu sein, denn das kostet nicht nur Absatz, sondern wirkt sich auch schnell auf das Ranking aus. Wer aber als Händler dafür sorgt, dass immer genügend Ware in den Lagerplätzen des Marktplatzes vorhanden ist, über eine ausreichend große Marge verfügt und nach Möglichkeit eigene, unique Artikel verkauft, der wird vom FBA-Service profitieren.

Vorteile Amazon FBA

1) Kein eigenes Warenlager notwendig (Produkte werden direkt im Logistzentrum von Amazon eingelagert)

2) Kein Aufwand mit Retouren / Warenrücksendungen (wird durch Amazon-Mitarbeiter abgearbeitet)

3) Keine Versandkosten für den Käufer durch Amazon Prime (automatisch aktiv, wenn FBA-Service genutzt wird)

4) Bessere Sichtbarkeit der FBA-Produkte (Amazon rankt Produkte mit FBA-Service besser, was zu mehr Umsatz führt)

Nachteile Amazon FBA

1) Kein Einfluss mehr auf Bestellungen (wird von Amazon einheitlich abgewickelt)

2) Zusätzlicher Abgleich mit eigener Warenwirtschaft notwendig (wenn Produkte z.B. im eigenen Onlineshop verkauft werden)

3) Pakete mit eigenem Logo nicht möglich (FBA-Service heißt: Pakete werden mit Amazon-Branding verschickt)

4) Amazon findet ggfs. schneller/einfacher heraus, von wo Ware bezogen wird (Vorsicht bei Relabelling Produkten aus China)

FBA und Prime – der Conversion-Boost für deine Produkte

Der Versand von physischen Produkte stellt jeden Händler vor großen Herausforderungen und Kunden erwarten eine Prompte und zügige Lieferung der Artikel. Warum also dieses „Fulfillment“ selbst abwickeln und es nicht jemanden lassen, der sich auf den Versand von Artikel im E-Commerce spezialisiert hat? Amazon setzt schon heute fast die Hälfte alle E-Commerce-Umsätze in Deutschland um und fast jeder Kunde, der schon einmal im Internet Waren bestellt hat, wird auch bereits Produkte auf dem Amazon Marktplatz eingekauft haben. Der Vorteil für Händler: Amazon hat seine Kunden darauf konditioniert, dass Prime gleichbedeutend mit kostenlosem Versand und schnelleren Warenlieferungen ist. Wenn man nun also als Online-Händler am Fulfillment by Amazon Programm teilnimmt, wird der Prime-Service automatisch für die eigenen Produkte aktiviert. Warum ist das so wichtig? Ganz einfach: die Conversion Rate (CVR) ist auf Amazon ohnehin schon sehr hoch und liegt im Schnitt bei gut 10 Prozent. Wird ein Produkt mit „Versand durch Amazon“ (also Prime) angeboten, steigt die CVR auf bis zu unglaubliche 70 Prozent. Was das für den Umsatz bedeutet, kann man sich schnell selbst ausrechnen.

Wie funktioniert Fulfilment by Amazon?

Wer als Online-Händler am FBA-Programm teilnehmen will, kann dies mit nur sehr wenigen Schritten tun. Wenn man als Seller auf dem Marketplace bereits aktiv ist und noch kein „Versand durch Amazon“ anbietet, wird ohnehin in regelmäßigen Abständen von Amazon daran erinnert, welche Vorteile der FBA-Service hat. Folgende Schritte sind für die Teilnahme am FBA-Programm notwendig:

Anliefern: Du sendest deine Produkte an ein Amazon-Logistikzentrum. Beziehst du deine Ware selbst von einem Hersteller, kannst du Amazon auch direkt beliefern lassen (nicht empfohlen) oder du nimmst die Waren selbst in Empfang und sendest sie an Amazon (empfohlen).

Einlagerung: Amazon lagert deine Produkte ein. Dabei spielt es keine Rolle, ob du kleinere oder größere Mengen von Produkten einlagern lässt. Die Größe, das Gewicht und die Beschaffenheit deiner Produkte bestimmen die FBA-Kosten.

Prime: Amazon sagt selbst, dass deine Produkte durch die Teilnahme am FBA-Programm wettbewerbsfähiger und sichtbarer werden, sprich sie werden bei einer Produktsuche in den Suchergebnissen weiter oben angezeigt.
Versand: Amazon übernimmt den gesamten Bestell- und Versandprozess, verpackt deine Produkte selbstständig und versendet sie direkt an den Kunden innerhalb Deutschlands oder ins europäische Ausland.

Kundenservice: Gerade für den internationalen Verkauf von Produkte ist das FBA-Programm vorteilhaft, da Amazon sämtliche Kommunikation in jeder Landessprache mit den Kunden übernimmt und auch Rücksendungen verwaltet und wieder einlagert.

Für wen lohnt sich FBA?

Fulfillment by Amazon klingt nach einem bequemen und einfachen Weg, seine Produkte im Internet zu verkaufen und das ist es auch. Man sollte jedoch beachten, dass Amazon FBA keineswegs kostenlos ist und sich nicht für jeden Händler rechnet. Gerade dann, wenn man Drittprodukte mit geringen Margen verkauft, sollten man sich genau überlegen, ob sich der FBA-Service wirklich rechnet. Vertreibt man Produkte mit hohen Margen, ist das FBA-Programm besonders lohnend, man muss jedoch beachten, dass jedes Produkt unterschiedlich viel kosten kann. Desto schwerer und größer ein Artikel ist, desto teurer wird auch der FBA-Service, da allein die Versandgebühren unterschiedlich ausfallen können. Gerade bei Produktbereichen, wo man mit häufigeren Retouren rechnen kann (z.B. Fashion / Bekleidung), lohnt sich der FBA-Services sehr, denn das Abwickeln von Rücksendungen ist immer aufwändig und teuer.

Gerade für Händler, die über wenig oder keine Mitarbeiter verfügen, welche im Kundenservice arbeiten, ist FBA ebenfalls eine Überlegung wert, denn Fulfillment by Amazon heißt auch die Beantwortung von Kundenfragen und Reklamationen.

Was kostet FBA?

Natürlich ist ein solcher Allround-Service nicht gebührenfrei und muss von jeden Händler einkalkuliert werden. Eine Ausnahme gilt für Artikel, die einen Verkaufspreis von mindestens 350 Euro haben, denn hier entfallen zumindest die Versandgebühren und das FBA-Programm wird deutlich günstiger. Grundsätzlich setzen sich die FBA-Gebühr jedoch aus zwei Komponenten zusammen: Versandkosten und Lagergebühren. Die Höhe der Versandkosten ist von den Abmessungen und dem Gewicht der Artikel abhängig und die Lagergebühren richten sich nach Kubikmetern pro Monat und sind damit anteilige Gebühren.

Wichtiger Hinweis für Händler: bei der Berechnung der FBA-Gebühren sind nicht die eigenen oder Hersteller-Angaben zu Gewicht, Größe und Maße entscheidend, sondern Berechnungen von Amazon selbst. So kann es passieren, dass diese Werte von den eigenen abweichen und sich damit auch die Kosten des FBA-Services verändern können. Ebenfalls wichtig: die Lagergebühren sind je nach Saison unterschiedlich. Von Januar bis September kostet der Kubikmeter im Logistikzentrum 12,50 EUR pro Monat und von Oktober bis Dezember muss man 18,00 EUR Monatsgebühr einplanen.

Warum ist FBA für das Ranking wichtig?

Amazon hat vorrangig ein Ziel: mehr Umsatz und Wachstum. Das FBA-Programm ist dabei ein wichtiger Baustein, denn so bindet Amazon die Händler noch mehr an den eigenen Marktplatz und stellt seine Kunden zufriedener. Bei einer Conversion-Raten von bis zu 70% ist natürlich auch der Anteil für Amazon selbst höher. Daher ist es nur zu logisch, dass Produkte, welche inklusive FBA-Service angeboten werden, auch einen Bonus in Sachen Ranking haben.

Das bedeutet im Klartext: ein Produkt, dass mit FBA angeboten wird, wird in den Suchergebnissen wahrscheinlich über dem Angebot ohne FBA stehen. Dabei spielt der Faktor Klickrate ebenfalls eine große Rolle, denn bereits in den Suchergebnissen ist für den Kunden sichtbar, ob Prime für diesen Artikel verfügbar ist. Es ist ein bewiesener Fakt, dass die meisten Käufer eher auf ein Angebot klicken, wo das kleine Prime-Logo angezeigt wird, weil sie wissen, dass sie A den Artikel schneller bekommen und B keine Versandgebühren zahlen müssen. Insofern beeinflusst Fulfillment by Amazon auch direkt die Kaufentscheidung und damit indirekt das Ranking, denn desto öfter ein Produkt gekauft wird, desto besser der Verkaufsrang und damit auch das Ranking.

Doppelte Produkte bei Amazon

Zusammenlegung von ASINs

Ob aus Händlersicht oder mit Kundenbrille betrachtet: Amazon ist einfach ein riesiger Marktplatz und Onlineshop mit einer schieren Bandbreite an unterschiedlichen Produkten. Circa 150 Millionen aktive Produkte gibt es derzeit auf amazon.de und im amerikanischen Marktplatz tummeln sich sogar fast 300 Millionen Angebote, die dem Käufer zur Verfügung stehen. Nicht immer handelt es sich aber hierbei um einzigartige Artikel, sprich viele Produkte sind doppelt bei Amazon vorhanden. Aus Händlersicht ist das manchmal sogar vorteilhaft, denn wenn ich nicht mit Mitbewerbern um die BuyBox kämpfen muss, dann ist meine Absatz-Chance deutlich größer und ich habe die volle Kontrolle über die Produktpräsentation sowie Optimierung selbst in der Hand. Geht man aber streng nach dem Richtlinien von Amazon, sollte jedes Produkt nur einmal vorhanden sein – die Praxis sieht oft anders aus.

Kleines Beispiel? Sucht man bei Amazon beispielsweise nach „Melitta Reinigungstabs Clean" so sieht man auf den ersten Blick, dass hier einige Artikel doppelt vorhanden sind. Ein Artikel als Plus-Produkt inklusive Prime und 86 Rezensionen und eins ohne Prime (wird auch direkt vom Händler verschickt) mit nur 6 Bewertungen. Ein wenig weiter unten findet sich das gleiche Produkt nochmals ohne Bewertung und auch ohne Prime sowie erneut als Amazon Pantry Angebot. Schaut man genauer hin, so sieht man, dass das Pantry-Angebot dem Plus-Angebot auf Platz 1 gleicht – dies sind nicht zwei sondern nur ein Artikel in unterschiedlichen Kategorien. Die anderen jedoch sind identische Produkte, die zum Teil nur anders heißen / benannt wurden, aber ansonsten keine Unterschiede aufweisen.

Warum gibt es doppelte Produkte auf Amazon?

Wenn man einen Artikel auf Amazon verkaufen möchte, muss man ihn logischerweise dort entweder in der Seller Central, über eine Excel-Datei oder eine

Onlineshop-Middleware wie Magnalister hochladen. Dabei wird bei Amazon anhand der eindeutigen Produktnummer, als der EAN (European Article Number) geprüft, ob das Produkt bereits existiert. Ist das der Fall, kann man sich nur an das bereits auf Amazon bestehende Angebot dranhängen und konkurriert dann mit mehreren Verkäufern um das Warenkorbfeld – die BuyBox. Die EAN wird in der Regel direkt vom Hersteller vergeben - allerdings bleibt diese nicht immer gleich. Wenn sich z.B. das Produkt minimal ändert oder das Verpackungsdesign einen neuen Anstrich bekommt, dann kann sich auch die EAN ändern. Auch ohne die Packung oder die Ware selbst zu ändern, kann die EAN wechseln, wenn der Hersteller z.B. von einer 9-stelligen auf eine 7-stellige EAN Nummer umstellt. Somit gibt es dann zwei gültige EAN-Nummern zu einem Amazon Produkt und damit kommt es auch häufig zu doppelten Angeboten auf dem Marktplatz.

Hat Amazon etwas gegen doppelte Produkte?

Eigentlich schon, denn das widerspricht ein bisschen dem Grundsatz von Amazon: ein perfektes Käufererlebnis. Habe ich nun ein Produkt gleich zweimal online, dann könnte das einige Käufer verwirren, denn oftmals unterscheidet sich dann nicht nur die EAN, sondern eben auch der Produkttitel, die Bullet Points, die Bilder oder die Beschreibung. Kurioserweise können auch zwei gleiche Produkte unterschiedlich bewertet sein – eines vielleicht sehr gut und das andere eher mittelmäßig. Und schon ist die Verwirrung des Käufers perfekt. Nicht zuletzt sind zwei deckungsgleiche Artikel unterm Strich doppelter Content und damit auch aus SEO-technischer Perspektive nicht unbedingt gewollt.

Wie legt Amazon ASINs zusammen?

Stellt Amazon nun also fest, das ein identisches Produkt mehrmals vorhanden ist, dann bekommt der betreffende Verkäufer eine Mail mit folgender Meldung:

Info von Amazon.de - Zusammenlegung von ASINs

Wir möchten Sie darauf hinweisen, dass wir am [DATUM] eine Zusammenlegung einer oder mehrerer ASINs vorgenommen haben, für die Sie Angebote eingestellt haben.

Es folgt dann eine Auflistung der doppelten ASINs und der verbleibenden ASINs. Das heißt Amazon kündigt nur an, was bereits passiert ist – sprich eine Zusammenlegung von ASIN nach vollendeter Tatsache. Wie unser Beispiel anfangs aber gezeigt hat, unterscheiden sich z.B. die Bewertungen von doppelten Produkten. Viele Händler fragen sich also:

Was geschieht mit Bewertungen doppelter ASINs?

Die gute Nachricht gleich vorweg: die Produktrezensionen gehen auch bei der Zusammenlegung von doppelten Angeboten nicht verloren. Die bereits vorhandenen Kundenbewertungen werden innerhalb von 3 – 5 Werktagen auf die verbleibende ASIN übertragen. Das muss allerdings nicht immer zum Vorteil gelangen, denn wenn ein Produkt beispielsweise vorher überwiegend positive Bewertungen hat und die doppelte ASIN viele negative Rezensionen mitbringt, dann ist das natürlich ärgerlich aber meist nicht mehr zu ändern. Auch sämtliche andere Produktdaten wie Bilder, Titel und Beschreibungen werden von der gelöschten ASIN auf die verbleibende übertragen. Richtig ärgerlich wird es allerdings dann, wenn man bereits einige Bemühungen unternommen hatte, sein Amazon-Produkt zu optimieren und dann alles auf ein nicht optimiertes Angebot übertragen wird. Oftmals werden nämlich die eigenen Inhalte nicht immer und/oder nicht vollständig auf der Detailseite angezeigt.

Was ist, wenn ich damit nicht einverstanden bin?

Gerade in dem oben beschriebenen Fall, wenn man viel Zeit, Mühe und vielleicht auch Geld in die Produktpräsentation gesteckt hat, und diese dann bei einer Zusammenlegung praktisch obsolet geworden ist, fühlt man sich als Händler möglicherweise ungerecht behandelt. In einem solchen Fall lohnt es sich, den Support von Amazon zu kontaktieren und den Sachverhalt ausführlich zu schildern. Eine Garantie, dass die ASINs wieder getrennt werden, gibt es natürlich nicht. Dennoch ist Amazon nicht nur einer Zufriedenheit der Konsumenten interessiert, sondern möchte natürlich auch den Händler glücklich machen, da Amazon über seinen Marketplace (sprich Händler verkaufen im eigenen Namen ihre Produkte auf Amazon) einen beträchtlichen Teil seines Umsatzes erzielt.

Was passiert dann mit meinem Lagerbestand?

Sollte eine doppelte ASIN wirklich entfallen, werden sämtliche Produktdaten auf die verbleibende übertragen. Der betroffene Händler bekommt in diesem Fall eine Benachrichtigung per Email und in der Seller Central im Bereich „Berichte > Verkaufscoach > Arbeitsberichte" angezeigt. Der eigene Lagerbestand bleibt davon unberührt, da dieser weiterhin getrennt behandelt wird. Gerade dann, wenn mehrere Verkäufer das gleich Produkt unter derselben ASIN verkaufen, sind unterschiedliche Lagerbestände der Regelfall.

Wie bekomme ich eine eigene EAN?

Um diesem ganzen Schlamassel zu entgehen, gibt es im Prinzip nur zwei mögliche Szenarios: entweder gar keine Drittprodukte, sondern eher eigene Produkte verkaufen oder aber eine eigene EAN für das jeweilige Produkt beantragen. Dafür kann man entweder direkt bei der offiziellen Vergabestelle GS1 ein Paket mit EAN-Nummern ordern, oder man bestellt sich kleinere Mengen in diversen Onlineshops. Dies ist allerdings nicht immer zu empfehlen, da diese „Billig-EANs" nicht so wirklich offiziell auf dem deutschen Marktplatz eingesetzt werden dürfen. Nur EANs über die GS1 sind 100 prozentig wasserdicht und auch auf Dauer ohne Probleme verwendbar. Dennoch ist es nicht im Sinne von Amazon, dass man das gleiche Produkt nur wieder unter einen neuen EAN einstellt. Auch hier kann es zeitnah zu einer erneuten Zusammenlegung der ASINs kommen, da sich an der grundsätzlichen Situation nichts geändert hat. Will man dennoch Drittprodukte verkaufen sich aber nicht in die Buy-Box-Problematik begeben, gibt es abschließend noch einen kleinen Trick:

Mein Geheim-Tipp für Händler!

Unique Produkte schaffen: der Trick mit dem Bundle

Auch wenn man Drittprodukte verkauft, lohnt es sich, über eigene EANs nachzudenken und diese Amazon-konform einzusetzen. Ein einfacher Trick macht das möglich. Angenommen, man verkauft bestimmte Marken T-Shirts, die es bereits auf Amazon gibt und wo man sich nur an ein bestehendes Produkt dranhängen könnte. Hier würde es sich z.B. anbieten, ein kleines und günstiges Zusatzprodukt wie ein eigenes Wäschenetz gleich mitanzubieten. Solche Produkte kann man günstig in China (z.B. bei Alibaba oder made-in-china.com) einkaufen, idealerweise mit eigenem Logo versehen lassen und dann zusammen als Bundle verkaufen. Schaut hat man das eigentliche Hauptprodukt bei Amazon mit einer eigene EAN und damit auch ASIN im Angebot und kein anderer Verkäufer kann sich hier dranhängen. Würde man beispielsweise nur ein Doppelpack verkaufen, so wären man zwar ebenfalls der einzige Verkäufer, jedoch bleibt das Risiko, das ein findiger Konkurrent eben genau das gleich Bundle schnürt und schon hat man wieder das BuyBox-Problem. Nur durch die Zugabe eines uniquen Artikels (dies kann bspw. auch ein selbst erstelltes E-Book o.ä. sein) verhindert den Einstieg eines Mitbewerbers und sichert auf Dauer die eigene, einzige ASIN.

In eigner Sache

Wow, anscheinend hast du es nun geschafft und dich durch viele Seiten „Amazon SEO Code“ gearbeitet. Ich hoffe, du konntest einige neue Ideen sammeln und damit deine Produkte auf dem Marktplatz erfolgreich(er) verkaufen. Ich würde mich an dieser Stelle wirklich sehr über ein Feedback von dir freuen, ob die hier genannten Optimierungsmaßnahmen bei dir zum Erfolg geführt haben oder eben auch nicht. Konstruktive Kritik ist immer genauso willkommen, denn gerade im Bereich der Suchmaschinenoptimierung gibt es weder die einzige Pauschallösung, noch sind die Maßnahmen auf Dauer in Stein gemeißelt. Wie im Google-Bereich unterliegt SEO auch bei Amazon einem ständigen Wandel und basiert oftmals auf verschiedenen Erfahrungswerten. Daher verstehe ich auch dieses Buch nicht als unveränderlich und ergänze sehr gerne deine Praxiserfahrung und neue/andere Beispiele, sodass unterm Strich alle Leser davon profitieren können.

Da du nun auch um die Bedeutung der Rezensionen auf Amazon weißt, würde ich mich natürlich sehr darüber freuen, wenn du dir ebenfalls kurz Zeit nimmst und ein paar Zeilen über dieses Buch bei Amazon schreibst.

Vielen Dank

Auch wenn dies kein 1.000-seitiger Roman ist, so steckt in „Amazon SEO Code“ doch einiges an Arbeit und Zeit und das nicht nur von meiner Person. An dieser Stelle möchte ich mich unbedingt bei Franziska Lenz bedanken, die mit viel Geduld und Fleiß diese Zeilen lektoriert hat.
Auch wenn das Cover von mir gestaltet wurde, so kommt das Foto von einem professionellen Fotografen (Geiger Images in Hamburg Ottensen). Der Tipp zu dieser tollen Kreativkraft kam von meiner Kollegin Henriette Hein – auch dafür ein herzliches Dankeschön.

Bei meinem Braunschweiger Kollegen, Patrick Diedrich, der mich noch einmal dazu bestärkt hat, dieses Buch auch wirklich zu schreiben, möchte meinen Dank aussprechen. Manchmal braucht es eben noch einen „externen“ Anstoß, damit der Stein ins Rollen gerät.
Zu guter Letzt möchte ich mich aber natürlich auch bei dir bedanken, denn schließlich hast du dieses Buch gekauft und anscheinend bis zum Ende gelesen – das freut mich ganz besonders.

Über den Autor

Abschließend möchte ich noch ein paar Worte über mich persönlich verlieren, damit du auch weißt, von wem diese Zeilen hier stammen.
Ich habe mich nach meinem Abitur in Rostock einige Jahre mit mäßigem Erfolg dem Studium der Wirtschaftsinformatik und anschließend BWL zugewandt, bevor ich meiner eigentlichen Passion nachgegangen und mein Hobby zum Beruf gemacht habe: dem Grafikdesign. Hier habe ich an einer privaten Akademie mein Studium als „Kommunikationsdesigner" sogar mit „sehr gut" abgeschlossen und damit den Grundstein für meine Karriere gelegt. Um das Studium zu finanzieren, habe ich einerseits viele Jahre in einem Callcenter gejobbt und hier bereits viele Erfahrung im Umgang mit Kundenkommunikation machen können. Da ich mir nach meinem Studium eine lange und unbezahlte Phase als Praktikant ersparen wollte, habe ich mich zu Beginn meines Studiums andererseits als Freelancer selbstständig gemacht und viel praktische Erfahrung sammeln können.

Anschließend arbeitete ich erst als IT-Projektleiter (nur einige Monate) und dann für circa drei Jahre als Art Director bei einem Onlineshop für Sport-Fashion und -Equipment. Hier habe ich auch meine erste, fundierte Erfahrung im E-Commerce-Bereich machen können, welche ich anschließend in meinem Job als E-Commerce-Berater unter Beweis stellen und ausbauen konnte. Von mittelständischen bis namhaften Großkunden war hier die gesamte Bandbreite an unterschiedlichen Themen im Onlinebereich vertreten.

Da ich mich selten zufrieden gebe und ständig Lust auf neue Erfahrungen habe, startete ich während meiner Zeit als Consultant einen eigenen Onlineshop und legte damit auch den Grundstein für meinen Wissensaufbau in Sachen Amazon-Optimierung. Interessanterweise war ich aus Unternehmersicht anfangs noch strikt gegen einen Vertrieb bei Amazon und wollte alles mit einer eigenen Shop-Plattform stemmen. Schnell musste ich jedoch einsehen, dass man als kleiner (Reseller) Händler nicht wirklich an Amazon vorbeikommt. Würde ich nochmals einen Neustart als Händler starten, dann wahrscheinlich nur über Amazon und ohne eigenen Shop, auch wenn dies gewisse Risiken

(Stichwort Abhängigkeit) birgt.
Um mich parallel auch im SEO-Business zu beweisen und mir einen Namen zu machen, nahm ich 2014 an der bisher größten Keyword-Challenge namens „Xovilichter“ teil und konnte unter 300 Teilnehmern immerhin den fünften Platz belegen – wurde zwischenzeitlich aber auch immer mal wieder als Favorit für den ersten Platz gehandelt. Durch eine umfangreiche Marketing-Strategie habe ich mir in diesem Wettbewerb einen Namen in der Branche gemacht und natürlich auch meine Kompetenzen in Sachen Suchmaschinenoptimierung ausbauen können.

Über eben diese Keyword-Challenge bin ich schlussendlich auch mit dem Unternehmen SAC Solutions GmbH in Kontakt gekommen, die gerade mit OnpageDoc ein neues SEO-Tool an den Start gebracht haben. Direkt nach dem Wettbewerb arbeitete ich dann einige Zeit als Freelancer für den OnpageDoc, entwickelte das Tool und seine Features weiter. Auch im Marketing sorgte ich dort für einen frischen Wind, bloggte, produzierte Erklärvideos und baute den SEO-Consulting-Bereich leitend mit auf – kurzum: ich war sehr präsent im und außerhalb des Unternehmens. So kam es dann auch, dass ich während eines Marketing-Seminars in Stuttgart von einem anderen Teilnehmer gefragt wurde, was ich denn machen würde – ich käme ihm bekannt vor. Als ich daraufhin antwortete, dass ich bei bzw. für OnpageDoc arbeiten würde, schaute mich mein Sitznachbar eine Weile prüfend und dann lächelnd an. Bevor ich fragen konnte, sagte er mir: „Ach stimmt, daher kenne ich dich. Diese Comic-Figur sieht ja exakt so aus wie du!“ Gemeint hatte er das Konterfei von OnpageDoc, welches tatsächlich erstaunliche Ähnlichkeit mit meiner realen Person aufwies, mir aber vorher nie aufgefallen war.

Später übernahm ich sogar eine Zeit lang die Führung des Unternehmens und baute die Marke und das Tool ShopDoc, ein E-Commerce-Pendant zu OnpageDoc mit auf. Aber wie es im Leben nun einmal so kommen kann, kristallisierten sich hier irgendwann unterschiedliche Ziele für das Unternehmen heraus und es entstand bei mir nicht mehr das Gefühl, dass man noch an einem Strang zog. Dies führte mich schlussendlich zu der Entscheidung, das Unternehmen wieder zu verlassen und eigenen Zielen und Ideen nachzugehen.

Zu dieser Zeit gab es wieder erste Gespräche mit meinem ehemaligen Arbeitgeber „SEVEN PRINCIPLES AG", der in Hamburg stärker im Bereich E-Commerce wachsen wollte. Consulting und E-Commerce passte perfekt in meinen persönlichen Plan, den Bereich Amazon Marketing professionell aufzuziehen und so war der Grundstein für „intomarkets" gelegt – quasi einem Startup im Unternehmen. Nach nunmehr circa 1,5 Jahren Agenturerfahrung bereue ich diesen Schritt nicht. Ganz im Gegenteil: sechs Mitarbeiter innerhalb von gut einem Jahr und einen professionellen Agentur-Services aufzubauen ist zwar ein harter aber lohnenswerter Weg gewesen. Mittlerweile betreuen wir mittlere und große Händler sowie internationale Weltmarken wie Puma, Villeroy & Boch und weitere „Big Player". Auch auf dieser Erfahrung beruht dieses Buch und vor allem dessen zweite Auflage.

Wie du vielleicht schon auf dem Cover von „Amazon SEO Code" erkennen kannst, verstecke ich mich nicht hinter einem Pseudonym oder gänzlich in der Anonymität. Ich sehe Amazon als große Chance, aber auch Herausforderung für Händler und Dienstleister gleichermaßen und werde mich definitiv die nächsten Jahre meines Berufslebens auf genau diesen Fachbereich konzentrieren – als Optimierer, Verkäufer und auch Endkunde ist der Amazon Marktplatz für mich ein hochspannendes Gebiet, das eine Menge Potential birgt.
Du brauchst Unterstützung in Sachen Amazon-Optimierung oder einem anderen marketing-bezogenen E-Commerce-Bereich? Na dann ran an die sozialen Netzwerke – hier findest du mich:

twitter.com/RonnyMarx2

plus.google.com/u/0/+RonnyMarx82

xing.com/profile/Ronny_Marx2

linkedin.com/in/ronny-marx-38971840

Nun hast du es wirklich geschafft – wir sind am Ende des Buches angekommen und ich möchte final die Gelegenheit noch einmal nutzen, mich bei dir für das Lesen zu bedanken. Ob Lob oder Kritik: bitte denke doch auch an eine ehrliche Rezension auf Amazon für dieses Buch, denn deren Bedeutung kennst du ja nun.

Schlussendlich wünsche ich dir natürlich maximale Erfolge auf Amazon oder allem, woran du gerade beruflich arbeitest. Ich hoffe, dass dir dieses Buch direkt oder indirekt in irgendeiner Weise dabei helfen kann.

12428144R00086

Printed in Germany
by Amazon Distribution
GmbH, Leipzig